PEQUENOS GRANDES MILAGRES DE DEUS

TESTEMUNHOS DE EXPERIÊNCIAS COM DEUS

ROSA ABE

PREFÁCIO POR DRA. SARAH HAYASHI

Todos os direitos deste livro são reservados pela Editora Quatro Ventos.

Proibida a reprodução por quaisquer meios.

Editora Quatro Ventos
Rua Liberato Carvalho Leite, 86
(11) 3230-2378
(11) 3746-9700

Todas as citações bíblicas e de terceiros foram adaptadas segundo o Acordo Ortográfico da Língua Portuguesa, assinado em 1990, em vigor desde janeiro de 2009.

Todo o conteúdo aqui publicado é de inteira responsabilidade do autor.

Diretor executivo: Renan Menezes
Editora-chefe: Sarah Lucchini
Equipe Editorial:
Mara Eduarda de Vette Garro
Paula de Luna
Rafaela Beatriz Santos
Revisão: Eliane Viza B. Barreto
Diagramação: Vivian de Luna
Capa: Vinícius Lira
Obra de arte utilizada na capa:
Ronaldo Resende

Todos os testemunhos, cujos nomes são citados, foram autorizados legalmente.

Todas as citações bíblicas foram extraídas da versão Almeida Revista e Corrigida, salvo indicação em contrário.

Citações extraídas do *site: https://www.bibliaonline.com.br/arc*. Acesso em outubro de 2020.

1ª Edição: Novembro 2020

Ficha catalográfica elaborada por Maria Alice Ferreira – CRB-8/7964

Abe, Rosa

Pequenos grandes milagres de Deus / Rosa Abe. - 1. ed. - São Paulo : Editora Quatro Ventos, 2020.
192 p.

ISBN: 978-65-86261-75-2

1. Cristianismo 2. Deus 3. Milagres 4. Testemunhos (Cristianismo) 5. Vida cristã I. Título.

CDD-248.5
20-47507

SUMÁRIO

Introdução 15

PARTE 1
MINHA HISTÓRIA

1. Passarinhos, por quê? 23
2. *Jeová-Jireh*, o Deus da provisão 26
3. Experiências com *Jeová-Jireh* na igreja 38
4. Testemunhos de quem esteve junto 43
5. Experiências com *Jeová-Rapha*, o Deus que cura 48
6. Meu cantinho: um presente de Deus 53
7. Deus me presenteou com viagens 58
8. O perigo de crer em uma mentira 80
9. A voz de Deus é poderosa 82
10. O caminho conduzido por Deus 87
11. Meu chamado para capelania hospitalar 89
12. Grande é o amor de Deus 92
13. Encontros inesperados nas visitas de capelania 96
14. Capelania e treinamento 101

PARTE 2
TESTEMUNHOS DE PESSOAS ATENDIDAS E DE INTEGRANTES DA CAPELANIA

TESTEMUNHOS DE SALVAÇÃO NO TEMPO DE DEUS
15. Ana Maria de Souza Turini 109
16. Andreia Gil 110
17. Luciana Bernardo 117
18. Ronaldo e Solange Almeida 118

TESTEMUNHOS DE PESSOAS ATENDIDAS PELA CAPELANIA
19. Alcides Gardão Martins e Nadyr Lupi Martins 120
20. Ana Yomogida 122
21. Barbara Franco 124
22. Cristiane Almeida 125
23. Cristiano Reis e Vanessa M. L. Pereira Reis 129
24. Cristina Lages 131
25. Daniela e Walkiria Cardoso 133
26. Iracema Lavezzo Pereira 134
27. Jorge Knirsch 136
28. Haroldo R. Fernandes e Sheila Bastos Fernandes ... 137
29. Laura Aparecida de Oliveira Pera Santos
e Tiago Willian Santos de Aguiar 139
30. Marisete Teixeira Alonso Akao 143
31. Norma da Silva Mamprim 144
32. Robson Vasconcelos de Oliveira
e Andréa Costa de Melo Oliveira 146

33. Ronaldo Resende **148**

34. Tamie Hara e Yoshie Nakamura **150**

35. Thiago Francisco e Bruna Danielle Ribeiro Francisco **152**

36. Um testemunho de cura
para a glória de Deus **158**

O PODER DO PERDÃO

37. Princípios bíblicos para o perdão **163**

38. Um testemunho de cura
por meio do perdão a outros **171**

39. Um testemunho de cura
por meio do perdão a si mesmo **173**

40. O arrependimento que trouxe a cura **175**

TESTEMUNHOS DE ALGUNS INTEGRANTES DA CAPELANIA

41. Adeyemi de Oliveira Silva **177**

42. Ana Cristina Gusmão de Goes **178**

43. Barbara Franco **180**

44. Fernanda Gonçalves **181**

45. Iracema Lavezzo Pereira **182**

46. Marileide da Silva Franco **183**

47. Tereza Tachikawa **185**

48. Thiago Felix Nobre **186**

Conclusão **189**

DEDICATÓRIA

Dedico esta obra à Dra. Sarah Hayashi, pastora fundadora da Zion Church, que me incentivou muitas vezes a escrever este livro, especialmente quando eu compartilhava com ela alguns milagres que havia experimentado. Inclusive, foi ela quem sugeriu o título *Pequenos grandes milagres de Deus*.

Sou imensamente grata por sua vida e por todo o seu tempo investido no ensino da Palavra com tanta dedicação ao longo de todos estes anos. Desde a minha adolescência, tenho o privilégio de aprender com ela. Também sinto muita gratidão pelos seus conselhos sábios e suas correções, mostrando, com amor, a verdade com toda a firmeza do Senhor, sempre fundamentada na Palavra de Deus.

Que Deus a abençoe sempre!

AGRADECIMENTOS

Minha profunda gratidão, primeiramente, ao Deus Triúno: o Pai, Jesus Cristo e o Espírito Santo. Ele é o autor das bênçãos com as quais fui agraciada para compartilhar algumas experiências vividas com Ele.

Sou muito grata também:

À Dra. Sarah Hayashi, por todo o tempo na supervisão da Capelania, pelo incentivo para relatar as maravilhas de Deus e pela revisão do manuscrito.

À Regina Neves, pelo tempo dedicado à digitação, preparação do material e edição de texto.

Ao Dr. Antonio Garcia, pelas orientações e revisão deste conteúdo, especialmente na parte jurídica.

Ao Ronaldo Resende, por sua contribuição no projeto da capa, incluindo nela os passarinhos, que têm grande importância no livro.

A todos da equipe Quatro Ventos, por todo trabalho na produção do livro.

A todos que fazem parte da equipe do Ministério de Capelania e também aos que já fizeram parte, por seu comprometimento e dedicação com os três T's (tempo, talento e tesouro).

A todos que enriqueceram esta obra com seus testemunhos.

Aos que estiveram junto em intercessão.

À Vanessa Sanches, que esteve à frente do Ministério de Capelania durante o ano de 2019.

Ao Reinaldo Barreiros, que está à frente do Ministério desde o início de 2020.

Ao Pastor César Bianco, que está na supervisão desse Ministério desde 2019.

O meu muito obrigada a todos, que Deus recompense e retribua a cada um com bênçãos infinitas.

PREFÁCIO

Você tem em suas mãos narrativas valiosas, que o levarão a conhecer, na simplicidade, a provisão e operação poderosa de Deus. O Seu poder e o amor permeiam todos os milagres experimentados pela Pastora Rosa Abe e seus discípulos de Capelania Hospitalar, seu atual ministério.

Eu conheço a Rosa desde a sua adolescência. Sua família se mudou para São Paulo e ela e seus irmãos acabaram vindo à igreja de meus pais, onde eu cuidava da Escola Dominical e dos adolescentes. Tenho acompanhado o seu crescimento desde então. Ela é uma discípula fiel e constante, que tem andado comigo há cinquenta e dois anos.

Quando começamos uma nova Igreja Monte Sião, em Embu das Artes, no ano de 2002, ela esteve à frente dessa obra. Nesse período de seu pastorado, ela experimentou tantos milagres que eu já dizia: "Você precisa escrever um livro sobre esses milagres, para glorificar ao nosso Senhor Deus e fortalecer a fé de muitos".

Ela, por sua vez, dizia: "Mas são tão simples!". E eu lhe respondia: "Podem parecer milagres simples e pequenos, mas, na verdade, são grandiosos. Eles irão glorificar e honrar o nosso maravilhoso Deus, a quem servimos com amor e gratidão!".

Depois, em 2008, ela foi designada pastora da Capelania Hospitalar da Zion Church, e Deus continua incessantemente contando com ela para Lhe ser um vaso de honra! Quantos milagres!

Os passarinhos representam para ela os cuidados de Deus nos detalhes de sua vida, pois a levam às palavras de Jesus Cristo, dizendo-lhe que se o nosso Pai celestial cuida dos passarinhos, como não cuidaria dela (cf. Mateus 6.26)?

Sou testemunha do quanto Deus tem cuidado de sua vida de modo impressionante, e eu sempre lhe dizia: "Seus testemunhos têm de ser registrados!". Assim nasceu este livro!

Certamente, você será enriquecido no conhecimento do amor e fidelidade do nosso Pai celestial através das experiências que a Pastora Rosa Abe registra neste livro *Pequenos grandes milagres de Deus*. Esses testemunhos podem se repetir em sua vida!

SARAH HAYASHI
Professora aposentada do Ensino Médio, teóloga, mestra em Aconselhamento de Casais e Famílias, doutora em Ministério Eclesiástico Prático, escritora e fundadora da Zion Church. Pastora e mestra desde 1977, atualmente faz parte do Conselho da Zion Church em São Paulo – SP, Brasil.

INTRODUÇÃO

Os pequenos grandes milagres de Deus foram momentos inesquecíveis em que Ele operou, de maneira surpreendente, diante de cada necessidade. Foram experiências bastante íntimas com o Senhor, pois somente eu e Ele sabíamos das necessidades que eu tive, especialmente na área financeira. Neste livro, compartilho apenas algumas experiências entre tantas, pois seria impossível contar todas que Ele me proporcionou a cada dia, assim como está escrito:

> Muitas são, Senhor, meu Deus, as maravilhas que tens operado para conosco, e os teus pensamentos não se podem contar diante de ti; eu quisera anunciá-los e manifestá-los, mas são mais do que se podem contar. (Salmos 40.5)

Foram situações que me marcaram muito, pois, diante de cada milagre, eu via Deus agir com Seu amor, bondade, fidelidade e tantas outras marcas do Seu caráter, inexplicáveis em palavras. Cada experiência levava-me a conhecer cada vez mais o Autor das bênçãos.

Depois de alguns anos, ao lembrar e contar alguns desses milagres à Dra. Sarah, ela incentivou-me a escrever um livro, mas lamentavelmente acabei enterrando esse sonho. Porém, alguns anos depois, numa das pregações sobre o poder do testemunho, chorei muito durante o culto, lembrando-me do que Deus havia feito em minha vida. As cenas vinham à minha mente, e o sonho começou a reviver.

Durante a pregação, anotei algumas frases que me marcaram profundamente: "Não deixe de falar dos seus testemunhos"; "Quando não testemunhamos, limitamos a ação de Deus nas nossas vidas"; "Quando você contar os seus testemunhos, aqueles que escutarem começarão a conviver com os mistérios"; "O seu testemunho serve de ponte"; "Conte a sua história! Isso vai impactar muitas vidas"; "Não diga que seu testemunho é pequeno. Seja fiel no pouco"; "O testemunho passa a cultura do sobrenatural às futuras gerações"; "Precisamos ter algo para entregar à próxima geração, porque o testemunho de Jesus é o espírito de profecia (Apocalipse 19.10b)"; "Testemunhos criam embalos de fé para que Deus faça de novo". Inclusive, Bill Johnson disse em seu livro *Deus é bom*: "Deus é generoso. Quando lembramos e contamos o que Ele fez através de testemunhos, Ele deseja manifestar o Seu poder novamente e tem o poder para fazê-lo".[1]

Logo em seguida, participei da Conferência Dunamis, e numa das pregações sobre sonhos fui impactada novamente quando foi dito: "Você foi chamado para escrever uma história". Recebi uma visitação de Deus tão intensa naquele momento, que duas pessoas vieram segurar meus braços para que eu não caísse, pois tremia tanto que meu corpo quase não se aguentava em pé.

Ao final da pregação, o Pastor Teófilo lançou um desafio sobre o que cada um iria fazer depois daquela mensagem. Foi então que eu peguei um papel e escrevi: "Vou escrever o livro". Entendi que era para eu contar as bênçãos, a bondade de Deus e, assim, demonstrar muita gratidão a Ele, procedendo como está escrito: "Em tudo

---

[1] JOHNSON, Bill. **Deus é bom**. Brasília: Chara, 2016.

dai graças, porque esta é a vontade de Deus em Cristo Jesus para convosco" (1 Tessalonicenses 5.18).

Apesar de todas as confirmações de Deus para escrever este livro, houve um momento durante a jornada, enquanto eu me lembrava e escrevia sobre os "pequenos grandes milagres de Deus", em que tive um sentimento de que minhas experiências eram muito pequenas quando comparadas com outras coisas que Deus estava fazendo em Sua Igreja. Ele, porém, falou profundamente ao meu coração, e então entendi claramente que era uma voz maligna que trazia aquele sentimento, pois tinha a intenção de interromper meu sonho de continuar a escrever as ricas experiências que tive com Deus. Reagi imediatamente, recusando e cancelando aquela voz. Percebi, assim, como precisamos estar atentos para discernir entre a voz de Jesus, o Bom Pastor, e outras vozes que, às vezes, chegam à nossa mente.

A Bíblia diz: "O ladrão não vem senão a roubar, matar e a destruir; eu vim para que tenham vida e a tenham com abundância" (João 10.10). No livro de Zacarias, está escrito: "Por que quem despreza o dia das coisas pequenas?" (Zacarias 4.10a). Esse texto mostrou-me a importância de valorizar tudo, desde as pequenas coisas, e de viver os sonhos de Deus sem deixar que nada ou ninguém venha roubá-los de nossas vidas.

Eu conhecia desde criança o relato sobre o milagre da multiplicação dos pães e peixes, mas nesse tempo recebi uma nova revelação a respeito desse texto. Jesus alimentou uma multidão de cinco mil homens, sem contar as mulheres e crianças que ali estavam, e ainda sobraram doze cestos de pedaços de pães. Entendi que Deus estava falando comigo para prosseguir em escrever o livro contando os pequenos grandes milagres de Deus.

> Está aqui um rapaz que tem cinco pães de cevada e dois peixinhos; mas que é isso para tantos? [...] E Jesus tomou os pães e, havendo dado graças, repartiu-os pelos discípulos, e os discípulos, pelos que estavam assentados; e igualmente também os peixes, quanto eles queriam. E, quando estavam saciados, disse aos seus discípulos: Recolhei os pedaços que sobejaram, para que nada se perca. Recolheram-nos, pois, e encheram doze cestos de pedaços dos cinco pães de cevada, que sobejaram aos que haviam comido. (João 6.9-13)

O meu desejo ao escrever este livro é que o nosso Deus, o autor de todas as bênçãos, seja muito glorificado; também desejo deixar um legado de dependência, confiança em Deus em qualquer circunstância; além de expressar que vale muito a pena sermos gratos a Ele e adorá-lO acima de todas as coisas.

Estou bem certa de que este livro de testemunhos também é o desejo de Deus, pois nas minhas devocionais e leituras Ele confirmou, através de Sua Palavra, esse sonho que Ele mesmo colocou no meu coração. Por isso, enfatizo colocando todos estes versículos:

> Eu te exaltarei, ó Deus, Rei meu, e bendirei o teu nome pelos séculos dos séculos. Cada dia te bendirei e louvarei o teu nome pelos séculos dos séculos. Grande é o Senhor e muito digno de louvor; e a sua grandeza, inescrutável. Uma geração louvará as tuas obras à outra geração e anunciará as tuas proezas. Falarei da magnificência gloriosa da tua majestade e das tuas obras maravilhosas. E se falará da força dos teus feitos terríveis; e contarei a tua grandeza. (Salmos 145.1-6)

> Eu te louvarei, Senhor, de todo o meu coração; contarei todas as tuas maravilhas. Em ti me alegrarei e saltarei de prazer; cantarei louvores ao teu nome, ó Altíssimo. (Salmos 9.1-2)

As benignidades do Senhor cantarei perpetuamente; com a minha boca manifestarei a tua fidelidade de geração em geração. (Salmos 89.1)

Não os encobriremos aos seus filhos, mostrando à geração futura os louvores do Senhor, assim como a sua força e as maravilhas que fez. Porque ele estabeleceu um testemunho em Jacó, e pôs uma lei em Israel, e ordenou aos nossos pais que a fizessem conhecer a seus filhos, para que a geração vindoura a soubesse, e os filhos que nascessem se levantassem e a contassem a seus filhos; para que pusessem em Deus a sua esperança e se não esquecessem das obras de Deus, mas guardassem os seus mandamentos [...] (Salmos 78.4-7)

Louvai ao Senhor e invocai o seu nome; fazei conhecidas as suas obras entre os povos. [...] falai de todas as suas maravilhas. (Salmos 105.1-2)

Lembrar-me-ei, pois, das obras do Senhor; certamente que me lembrarei das tuas maravilhas da antiguidade. Meditarei também em todas as tuas obras e falarei dos teus feitos. (Salmos 77.11-12)

Louvai ao Senhor, invocai o seu nome, fazei conhecidos entre os povos os seus feitos. Cantai-lhe, salmodiai-lhe, atentamente falai de todas as suas maravilhas. [...] Lembrai-vos das suas maravilhas que tem feito [...] (1 Crônicas 16.8-12)

[...] para que tudo narreis à geração seguinte. Porque este Deus é o nosso Deus para sempre; ele será nosso guia até à morte. (Salmos 48.13-14)

E direis, naquele dia: Dai graças ao Senhor, invocai o seu nome, tornai manifestos os seus feitos entre os povos e contai quão excelso é o seu nome. Cantai ao Senhor, porque fez coisas grandiosas; saiba-se isso em toda a terra. (Isaías 12.4-5)

Tão somente guarda-te a ti mesmo e guarda bem a tua alma, que te não esqueças daquelas coisas que os teus olhos têm visto, e se não apartem do teu coração todos os dias da tua vida, e as farás saber a teus filhos e aos filhos de teus filhos. (Deuteronômio 4.9)

PARTE 1

MINHA HISTÓRIA

Capítulo 1

Passarinhos, por quê?

Quem prepara para os corvos o seu alimento, quando os seus pintainhos gritam a Deus e andam vagueando, por não terem que comer? (Jó 38.41)

Cantai ao Senhor em ação de graças; cantai louvores ao nosso Deus sobre a harpa. Ele é que cobre o céu de nuvens, que prepara a chuva para a terra e que faz produzir erva sobre os montes; que dá aos animais o seu sustento e aos filhos dos corvos, quando clamam. (Salmos 147.7-9 – ACF)

Não se vendem cinco passarinhos por dois ceitis? E nenhum deles está esquecido diante de Deus. (Lucas 12.6)

Olhai para as aves do céu, que não semeiam, nem segam, nem ajuntam em celeiros; e vosso Pai celestial as alimenta. Não tendes vós muito mais valor do que elas? (Mateus 6.26)

Muitas das vezes em que eu via os passarinhos, especialmente os tico-ticos, eu chorava, porque, através deles, Deus me falava de modo muito especial. Ele dizia que cuidava daqueles passarinhos e ainda mais de mim. Em frente às janelas da sala e do meu quarto está o jardim do prédio em que moro, onde pássaros costumam ficar. Logo de manhã, eu já me levanto ouvindo o canto deles. E como é bom começar o dia em comunhão com Deus, orando e lendo a Bíblia, ouvindo o canto deles. É muito lindo! Não é por acaso que escolhi a imagem de dois passarinhos para ilustrar a capa deste livro. Afinal, ainda hoje, Deus fala comigo através dos pássaros, e isso me lembra do cuidado especial d'Ele por mim.

Tive muitas experiências com o Senhor em que pássaros, ou a figura deles, estavam presentes. Mas uma delas foi especialmente marcante. Por muito tempo, usei um carro com o qual Deus me presenteou de maneira surpreendente, e foi muito útil para mim por todos os cento e dez mil quilômetros percorridos. Em determinado momento, porém, entendi que era a hora de trocá-lo, mas para isso queria ter uma confirmação de Deus através de um sinal que pedi especificamente assim: que eu encontrasse um pássaro ao passar pela rua João Baldinato, ao lado da praça Algarve, quando estivesse indo à igreja.

Já estava escurecendo, então seria quase impossível que isso acontecesse de modo natural. Contudo, para minha surpresa, passei naquele local e vi o pássaro exatamente no lugar que eu havia falado para Deus. Depois da reunião em que participei na igreja, em minha volta para casa, o céu já havia escurecido mais ainda, mas eu vi outra vez o pássaro naquele mesmo lugar. Fiquei muito emocionada, pois só tinha pedido a confirmação na ida à igreja, e não na volta, mas Deus fez além do que pedi.

Ao longo dos últimos onze anos, eu continuei passando por aquela rua e nunca mais vi um pássaro à noite por lá; eu os vi outras três vezes durante o dia, porém não depois de escurecer. A Bíblia diz: "Ora, àquele que é poderoso para fazer tudo muito mais abundantemente além daquilo que pedimos ou pensamos, segundo o poder que em nós opera" (Efésios 3.20), e eu pude testemunhar essa verdade. E Deus continuou confirmando em meu coração sobre a troca do veículo e dando-me convicção, paz e a alegria do Senhor em relação a esse tema.

Naquela época, eu estava ministrando um curso em uma igreja localizada no Jardim Ângela, e no último dia de aula me presentearam com uma cesta de flores na qual havia um cartão

com a imagem de dois passarinhos e a passagem de Mateus 6.26: "[...] não semeiam, não colhem, nem ajuntam em celeiros; contudo vosso Pai celeste as sustenta" (ARA). O que me chamou à atenção imediatamente foi o fato de que no meio das flores havia uma haste decorativa com um passarinho e um ninho contendo três ovinhos. Fiquei muito impressionada, porque eles não sabiam que eu estava pedindo aquela confirmação, mas Deus continuava falando comigo por meio de passarinhos. Mais uma vez, Deus fez além do que pedi!

Refletindo acerca da troca de carro, pensei em certo modelo e fabricante. Ao término da comemoração do final do curso, uma pessoa veio a mim e disse que Deus lhe havia dado uma visão profética na qual eu estava dentro de um veículo. Ele mencionou exatamente o modelo que eu havia pensado, sem que eu tivesse dito coisa alguma sobre o tema.

Passado um tempo, adquiri o novo carro e me alegrei muito por ter realizado a compra numa concessionária cujo nome era uma palavra citada por Jesus, que significa "Meu Pai". Coincidência? Não! Era Deus, o meu Pai, agindo em cada detalhe. Até hoje dirijo esse carro com muita gratidão, porque vi a mão do Deus Todo Poderoso ao longo de todo o processo de aquisição. Como nosso Pai é maravilhoso!

Capítulo 2

Experiências com *Jeová-Jireh*, o Deus da provisão

[...] O Senhor proverá. (Gênesis 22.14a)

No período entre os anos de 2001 e 2004, tive várias experiências tremendas com Deus, muitas vezes difíceis de expressar em palavras. Eu via diariamente Sua mão diante de cada acontecimento. Verdadeiros milagres, que podem até parecer pequenos, mas que, para mim, eram grandiosos, pois o Senhor agia exatamente de acordo com minhas necessidades, por menor que fossem. Eu sabia que era Deus agindo através de pessoas, por isso me emocionava e chorava de alegria, sozinha na presença d'Ele. Que experiências preciosas pude ter nos momentos em que só eu e Deus sabíamos de cada detalhe das minhas necessidades.

Isso me desenvolveu em dependência de Deus, em buscá-lO em primeiro lugar, o que continuo fazendo até os dias atuais. Se eu tivesse compartilhado com outras pessoas as minhas necessidades, com certeza eu teria perdido a oportunidade de viver os milagres e de contar esses testemunhos. O Deus que sustentou o povo de Israel por quarenta anos no deserto, dando-lhes diariamente o maná para se alimentarem, fazia-me ver que era Ele quem me sustentava a cada dia. Eu experimentava o que a Palavra diz em Salmos 87.7: "[...] Todas as minhas fontes estão em ti".

Pude experimentar o amor e a providência de Deus, assim como Elias experimentou Seus milagres, sendo sustentado por Ele:

> Depois, veio a ele a palavra do Senhor, dizendo: Vai-te daqui, e vira-te para o oriente, e esconde-te junto ao ribeiro de Querite, que está diante do Jordão. E há de ser que beberás do ribeiro; e eu tenho ordenado aos corvos que ali te sustentem. Foi, pois, e fez conforme a palavra do Senhor, porque foi e habitou junto ao ribeiro de Querite, que está diante do Jordão. E os corvos lhe traziam pão e carne pela manhã, como também pão e carne à noite; e bebia do ribeiro. E sucedeu que, passados dias, o ribeiro se secou, porque não tinha havido chuva na terra. Então, veio a ele a palavra do Senhor, dizendo: Levanta-te, e vai a Sarepta, que é de Sidom, e habita ali; eis que eu ordenei ali a uma mulher viúva que te sustente. (1 Reis 17.2-9)

Como isso é possível? O profeta Elias foi sustentado através de corvos, que lhe traziam pão e carne pela manhã e à noite! Só por Deus! E também foi sustentado por uma viúva. O que me chamou a atenção é que Deus falou: "Eu ordenei [...]" (1 Reis 17.9).

No início desse período, eu estava à frente de três grupos de estudos bíblicos. Aos domingos, saía de casa às oito horas da manhã e só retornava às dez da noite. Deus me dava a graça e a capacitação para dirigir cem quilômetros a cada domingo. Era um verdadeiro milagre de Deus, que relatarei mais à frente. Depois, esses três grupos foram reunidos em um só local, mas ainda assim durante a semana eu percorria cada um deles para atender às necessidades que surgiam.

    Meu contato constante com essas pessoas fazia-me ver suas dificuldades, especialmente, financeiras, e Deus movia-me para dar daquilo que eu tinha para, juntamente a outras pessoas, ajudar a suprir as necessidades delas. Deus dirigia-me falando ao meu coração sobre aquilo que eu devia repartir. Nesse tempo, muitas vezes eu até me esquecia das minhas necessidades, mas Deus não as esquecia.

    Foi justamente nesse tempo que Deus permitiu que eu experimentasse muitos milagres de provisão financeira, especialmente porque as contas de combustível e telefonia celular consumiam dois terços da minha renda mensal. Hoje, temos muitas facilidades de comunicação com ligações ilimitadas para qualquer operadora a um custo baixo. Mas, naquela época, era muito caro manter o celular, ainda mais com meu plano que tinha uma franquia de apenas quarenta minutos por mês para outras operadoras, e tudo que excedia essa cota, e geralmente eram muitos minutos, tinha de ser pago à parte, de modo que a conta ficava altíssima, considerando que eu ficava o dia todo fora de casa e fazia muitas ligações pelo celular. Por isso, às vezes, faltavam recursos até para fazer compras no supermercado, mas é impressionante como Deus cuidava de tudo. Entre essas incontáveis experiências, algumas foram tão marcantes no meu dia a dia que as compartilharei ao longo deste livro para honrar e engrandecer o nosso Deus.

Eu e Deus somente

O favor de Deus preparou o encontro

Certo dia, abri a geladeira, vi que estava precisando de ovos e senti uma orientação de Deus para ir até o portão da minha casa. Exatamente naquele momento, passou um senhor que morava na mesma rua que eu e me conhecia. Ele me disse: "Ontem fui à minha chácara e trouxe ovos caipira, espere um pouquinho que vou trazer para você". Depois de alguns minutos, ele me entregou uma dúzia de ovos. Fiquei muito emocionada, pois somente Deus conhecia essa minha necessidade. Como o amor de Deus nos constrange!

Só o Senhor sabia

Em um sábado à noite, pensei em tomar um café com leite, que é algo que me faz muito bem, e por isso me faz muita falta quando não tomo. Mas achei melhor guardar a última porção do leite em pó para o dia seguinte, pois iria sair às oito horas da manhã e só retornaria às dez da noite. Além disso, estavam faltando bananas, que é uma fruta que costumo comer diariamente.

Foi então que Deus, mais uma vez, moveu uma pessoa para suprir a minha necessidade do momento. Uma pessoa da minha família veio de outra cidade para me visitar e trouxe tão somente leite e bananas, sem saber que era exatamente o que eu estava precisando. Senti uma alegria imensa, queria gritar e chorar, mas falei baixinho: "Papaizinho querido, ninguém sabia disso, só o Senhor". Era o que eu falava diariamente a Deus ao ver o que Ele fazia.

Deus mandou parar

Tenho preferência por laranjas e mexericas, são as minhas frutas favoritas entre todas, e o meu Deus conhece tudo a meu respeito. Houve um tempo em que eu visitava semanalmente um grupo para lhes dar assistência social e espiritual, e um deles ficava a vinte e cinco quilômetros de onde moro. Antes de sair de casa para ir àquele local, lembrei-me de que precisava comprar laranjas, e segui pelo caminho. Quando eu estava quase chegando lá, senti da parte de Deus que eu devia parar e visitar uma senhora que fazia parte do grupo.

Logo que me viu, ela pediu para eu entrar e me levou ao fundo de sua casa, onde havia um pomar com aproximadamente seis pés de mexerica cravo carregados de frutos, e, sem eu falar qualquer coisa, ela encheu duas sacolas e me entregou. Fiquei impressionada com a prontidão do Senhor em mais esse momento.

A obediência trouxe a provisão

O Senhor me concedeu servi-lO no ministério de Capelania Hospitalar, fazendo visitas, de acordo com a direção de Deus, a pacientes internados. Em certa ocasião, fui fazer uma visita a um hospital e levei exatamente o valor para a condução e para comprar um lanche no horário de almoço. Durante a visita, recebi um telefonema, através do qual me pediram para que eu fosse realizar uma tarefa em outro lugar. Prontamente, eu disse que sim e pensei em usar nesse novo trajeto o dinheiro que eu tinha reservado para o lanche. Nesse momento, entrou um casal da igreja para visitar a mesma pessoa que eu.

Depois de um tempo conversando, o casal perguntou se a paciente gostaria de comer alguma coisa e ela pediu um lanche de queijo preparado na chapa. O visitante saiu e trouxe dois lanches, mas a paciente conseguiu comer somente a metade de um deles. Mesmo com a insistência daquele casal, a pessoa não quis ficar com o lanche para comer mais tarde. Ele olhou para mim e disse: "Então fica pra você". Era por volta de três horas da tarde, eu estava sem recursos para comprar almoço e só Deus sabia que eu estava com muita fome. Lembro que eu comi aquele lanche chorando de tanta gratidão.

Foi o lanche mais gostoso que já comi, pois sabia que Deus é que havia me dado; além disso acabei voltando com o dinheiro, pois o casal me ofereceu carona. O mais incrível é que, dentro do trajeto deles, passavam bem próximos ao local que eu deveria ir. Foi lindo ver se cumprindo o que Jesus disse: "Mas buscai primeiro o Reino de Deus, e a sua justiça, e todas essas coisas vos serão acrescentadas" (Mateus 6.33).

Combustível do Céu

Durante algum tempo, coordenei uma reunião que se chamava Reunião Doméstica (RD), que acontecia semanalmente à noite. Uma vez, ao retornar para casa, dei carona a quatro jovens e, no trajeto, o motor do carro simplesmente desligou numa estrada escura, onde só havia a iluminação do farol do próprio carro.

Depois de algumas tentativas de ligar o motor, percebi que o carro estava sem combustível. Naquele tempo, o marcador de combustível estava com defeito e não me dei conta de que já havia rodado muitos quilômetros desde o último abastecimento. Eu nada podia fazer naquele momento, não havia a quem pedir socorro. Orei ao Senhor e Ele me socorreu. Virei a chave no contato e o carro pegou, de modo que pude andar mais uns dez quilômetros até chegar ao posto mais próximo e reabastecer:

"Deus é o nosso refúgio e fortaleza, socorro bem-presente na angústia" (Salmos 46.1).

Parada segura

Numa tarde, voltando de um trabalho ministerial para o Senhor, percebi que meu carro estava com algum problema, mas continuei devagar e consegui chegar à minha casa. Foi por providência de Deus, pois, ao desligar o motor e tentar ligar novamente, o mesmo já não funcionou mais. Fiquei maravilhada com o cuidado de Deus! No mesmo dia, pedi para o profissional de uma oficina mecânica, que havia ao lado da minha casa, para fazer um orçamento do conserto.

No dia seguinte, estando na igreja, encontrei uma pessoa que, ao me cumprimentar, colocou algo em minha mão e era um valor em dinheiro. Depois de separar o respectivo dízimo, vi que aquele era exatamente o valor do conserto do carro. Deus estava novamente dando-me a provisão, enviando-me o valor que eu precisava! E assim acontecia a cada dia.

Um presente de Deus para a casa nova

Quando eu estava preparando-me para mudar de apartamento, comecei a comprar algumas coisas, de acordo com o que Deus me dava paz para comprar. Entre as compras, havia uma máquina de lavar roupas. Certo dia, na data próxima ao vencimento da fatura, recebi um telefonema, através do qual me pediram para que eu fosse até o apartamento onde estavam hospedados dois missionários japoneses. Juntamente ao meu cunhado, eu os havia acompanhado por uma semana, levando-os aos trabalhos onde Deus indicava.

Ao chegar lá, entregaram-me um envelope e tive uma surpresa, pois não esperava aquilo. Agradeci a eles, porém, dando toda honra a Deus. Depois de separar o dízimo, que pertence ao Senhor – conforme aprendi desde a adolescência por meio de várias passagens da Bíblia, entre elas Malaquias capítulo 3 –, o que sobrou era praticamente o valor da máquina de lavar roupas que eu havia comprado.

Melhor é dar do que receber

Jesus disse que "[...] mais bem-aventurada coisa é dar do que receber" (Atos 20.35b), e eu pude experimentar isso. Parece contraditório, mas foram nos momentos mais difíceis da minha vida que Deus me capacitou para viver essa verdade.

Da semente que plantar, dessa mesma espécie colherá

Algumas vezes, eu dava carona a uma pessoa do grupo de estudo ao qual ministrava; e numa dessas oportunidades, ela me falou que tinha muita roupa, de toda sua família, para lavar, mas não tinha sabão em pó. Falei que eu lhe daria o sabão no dia seguinte, e, ao chegar em casa, já separei um quilo de sabão e deixei na porta para não esquecer de levar para ela.

No dia seguinte, antes de eu sair de casa, a campainha tocou e uma pessoa do meu círculo de relacionamento entregou-me uma caixa de produtos de limpeza, e qual foi a minha surpresa ao ver que, dentro dela, havia uma caixa de sabão em pó da mesma marca que eu iria doar. Eu dava às pessoas o que estavam precisando, de acordo com o que Deus colocava no meu coração, e Ele multiplicava tudo em minha vida.

Sensível à voz de Deus

Ao mesmo tempo em que Deus supria as minhas necessidades a cada dia, Ele também me mostrava as pessoas a quem eu deveria dar algo, e me indicava, inclusive, qual o valor a ser doado. Em certo dia, Deus colocou no meu coração a direção de dar todo o valor que eu tinha a uma determinada pessoa. Como eu sabia que era Deus falando comigo, entreguei prontamente aquela quantia à pessoa, sem me preocupar com as minhas necessidades.

No dia seguinte, uma pessoa me procurou e disse que Deus havia pedido para que ela me entregasse um certo valor em dinheiro. Quando vi, era exatamente o valor que eu havia doado. Assim, Deus me supria sem que nada me faltasse. *Sempre haverá o suficiente*[1], como Heidi Baker escreveu em seu livro com esse título.

Simplesmente fiz o que Deus pediu

Lembro-me de uma ocasião em que faltava um dia para vencer uma fatura do meu cartão e ainda me faltava uma parte do valor para pagá-la. Foi justamente nesse momento que Deus falou ao meu coração, mostrando-me três pessoas a quem eu deveria dar e também especificou o valor para cada uma. Eu sabia que era Deus quem falava comigo e apenas obedeci. No dia seguinte, pela manhã, o telefone tocou, e era o aviso de pagamento de um valor a receber, que eu já nem esperava mais. Fui ao banco, e havia também um depósito de valor equivalente a três vezes o valor que eu havia doado para as três pessoas.

Comecei a verificar quem havia feito aquele depósito, quando senti fortemente a voz de Deus dizendo para que eu parasse de

---

[1] BAKER, Rolland; BAKER, Heidi. **Sempre haverá o suficiente**. Rio de Janeiro: Danprewan, 2004.

pesquisar, porque Ele me havia mandado aquela quantia. Então, lembrei-me imediatamente de um testemunho compartilhado por uma pessoa na igreja. Ela tinha muita dificuldade para lavar a roupa de toda sua família sem uma máquina de lavar roupas, e contou que recebeu um aviso da portaria do edifício em que morava, de que havia sido feita a entrega de uma máquina de lavar roupas no nome dela. Então, disse que passou a pesquisar quem lhe havia dado, e Deus disse-lhe que parasse de querer saber quem deu, pois tinha sido Ele quem enviara a máquina. Assim, parei de pesquisar e só agradeci a Deus, muito emocionada.

Continuei obedecendo ao Senhor todas as vezes em que Ele me pedia para dar algo. E Deus me supria de maneiras inesperadas em cada situação. Olhava para os passarinhos e me emocionava vendo o cuidado de Deus, inspirava-me ainda mais a confiar e depender somente d'Ele, que me conhece de maneira tão particular.

Deleita-te no Senhor

Deus é um Deus de grandes feitos. Ele criou o céu, com a lua e as estrelas, e criou o ser humano, mas também é um Deus de pequenas coisas. Em Seu amor indescritível, Ele demonstra que conhece os desejos e vontades de Seus filhos, e muitas vezes trabalha para que sejam atendidos. A Palavra do Senhor diz: "Deleita-te também no Senhor, e ele te concederá o que deseja o teu coração" (Salmos 37.4). Também dessa maneira eu experimentei o amor de Deus. Fico bastante impressionada como um Deus tão grande se importa com cada um de nós de uma maneira tão única: "Quando contemplo os teus céus, obra dos teus dedos, a lua e as estrelas que ali firmaste, pergunto: Que é o homem, para que com ele te importes? E o filho do homem, para que com ele te preocupes?" (Salmos 8.3-4 – NVI).

Os mimos de Deus

Em outra ocasião, passei por uma loja de produtos japoneses e comprei só o necessário. Fiquei com muita vontade de comprar *tofu* (alimento à base de soja), mas não comprei. Voltei para casa e, depois de aproximadamente uma hora, a campainha tocou, e era uma pessoa da minha família que veio até minha casa porque tinha comprado um *tofu* e disse que era muito grande para ela, então pediu para eu ficar com a metade. Foi muito emocionante, pois vi o mimo de Deus por mim.

Um dia, desejei fazer um arroz especial e tinha todos os ingredientes, exceto vagem. Tive de passar na casa de uma pessoa e, na volta, já saindo, ela me disse para esperar um pouco. Abrindo a geladeira, tirou um pacotinho e me entregou. Quando olhei, vi que era vagem. Era impressionante como Deus enviava exatamente o que eu precisava a cada dia. Têm sido incontáveis as experiências desse tipo.

Às vezes, eu sentia vontade de comer alguma coisa diferente. Em um dia especial, pensei em bolinho de bacalhau. No dia seguinte, uma pessoa da igreja veio me entregar uma porção de bolinho de bacalhau que havia trazido de uma viagem ao interior. Que amor é esse do meu Deus?! Em outro momento, apenas pensei em um lagarto fatiado, bem fino, à vinagrete. Olha quantos detalhes: Acredite! No dia seguinte, alguém me deu uma vasilha com um alimento preparado, e, ao abrir, adivinhe o que eu encontrei? Lagarto fatiado, bem fino, à vinagrete! Como me senti amada por Deus naquele momento. Fiquei sem palavras, pois era exatamente igual ao que pensei. Poderiam ser mil outras comidas, mas, por ser exatamente como pensei, em todos os detalhes, entendi que só poderia ter sido enviado por Deus. Eu só pensava: "Deus, como o Senhor sabe tudo sobre mim!".

Um dia, pela manhã, depois do culto, alguém estava vendendo trufas caseiras e tive vontade de comprar uma. Mas decidi não fazer isso, pois, em meu coração, eu havia reservado o dinheiro que eu tinha para entregar como oferta durante o próximo culto. Ao retornar do almoço, vi que aquela trufa, justamente a que eu havia desejado comprar, estava sobre a mesa que eu usava durante a semana. Avisaram-me que era para mim, e logo fui invadida pelo amor de Deus; fiquei muito emocionada.

Lembro-me do que eu disse naquela hora: "Se me mandassem entrar em um apartamento luxuoso, todo mobiliado, ou entrar em um carro zero quilômetro, importado, dizendo que era para mim, eu me sentiria tão amada quanto estava me sentindo ao receber aquela trufa". Pois minha emoção e alegria vêm da certeza de que Deus moveu-Se em meu favor. Pequeno que fosse o milagre, para mim era grandioso, pois vi a mão de Deus agindo.

> Eis que as nações são consideradas por ele como a gota de um balde e como o pó miúdo das balanças; eis que lança por aí as ilhas como a uma coisa pequeníssima. (Isaías 40.15)

> Assim diz o Senhor: O céu é o meu trono, e a terra, o escabelo dos meus pés. (Isaías 66.1a)

> Do Senhor é a terra e a sua plenitude, o mundo e aqueles que nele habitam. (Salmos 24.1)

> Pode uma mulher esquecer-se tanto do filho que cria, que se não compadeça dele, do filho do seu ventre? Mas, ainda que esta se esquecesse, eu, todavia, me não esquecerei de ti. Eis que, na palma das minhas mãos, te tenho gravado; os teus muros estão continuamente perante mim. (Isaías 49.15-16)

O rei Davi, por reconhecer a grandeza de Deus e Seu amor, pensou e escreveu como poderia retribuir ao Senhor por toda a sua bondade:

Que darei eu ao Senhor por todos os benefícios que me tem feito?
(Salmos 116.12)

Capítulo 3

Experiências com *Jeová-Jireh* na igreja

Nossas reuniões eram realizadas em três lugares diferentes, mas, depois de certo tempo, foram unificadas em apenas um lugar, aos domingos, na igreja localizada em Embu das Artes. Assim como na minha vida pessoal, Deus também operava muitos milagres a cada dia na igreja. Eram coisas muito simples, mas bem importantes para todos nós, pois víamos Deus trazendo soluções para as nossas necessidades. Foram muitas as vezes em que a providência de Deus se fez presente, mas relatarei aqui apenas algumas, especialmente as que foram fotografadas na época.

Panela de pressão mesmo!

Nossa primeira experiência marcante foi quando ganhamos uma panela de pressão usada. Ela estava sem a válvula de pressão e nós a usávamos como uma panela comum. Como precisávamos de mais panelas, certa noite passei em duas lojas para comprar algumas, mas sentia da parte de Deus um aviso para que não as comprasse.

No dia seguinte, logo de manhã, encontrei uma pessoa com dois sacos enormes de doações e me perguntou se eu sabia de alguém que gostaria de recebê-los. Falei de um bazar permanente que tínhamos, onde vendíamos de tudo, e ela então aceitou que eu levasse comigo as doações. Ao abrir os dois sacos, fiquei muito feliz, pois vi uma porção de panelas e, no fundo do saco, havia ainda uma surpresa: encontrei uma válvula exatamente do tipo compatível com aquela panela de pressão que tínhamos. Foi muito emocionante, e nos alegramos muito com o presente de Deus. Logo, colocamos a válvula e a panela estava pronta para ser usada como uma panela de pressão mesmo.

Ainda me lembro como essa experiência fortaleceu toda a igreja. Entendi que nossa alegria e gratidão por aquele pequeno grande milagre tocou o coração de Deus. Depois de pouco tempo, até recebi uma palavra profética, de uma pessoa que estava nos visitando, por meio da qual Deus disse: "Você tem valorizado as pequenas coisas e farei muito mais, grandes coisas Eu farei".

Panela grande: comida para muitos

Em certa manhã, decidi que iria fazer algo que eu já havia planejado. Sairia para comprar uma panela grande, porque estávamos precisando muito de uma para atender nossas necessidades.

Estava me preparando para sair quando o telefone tocou, e a pessoa perguntou se eu sabia de alguém que precisava de uma panela grande. Fiquei muito feliz e expliquei que, exatamente naquele dia, eu iria comprar uma panela assim. Dificilmente eu ficava em casa, mas estava lá no momento certo, só para receber aquele telefonema. Assim, Deus nos presenteava em nosso dia a dia, exatamente com o que necessitávamos.

Deus completou

Num dia, ao chegar na igreja, uma das voluntárias que ajudava com a limpeza falou-me que o rodo havia quebrado. Ela manteve o cabo, que estava bom, jogando no lixo apenas a parte de baixo, que estava danificada.

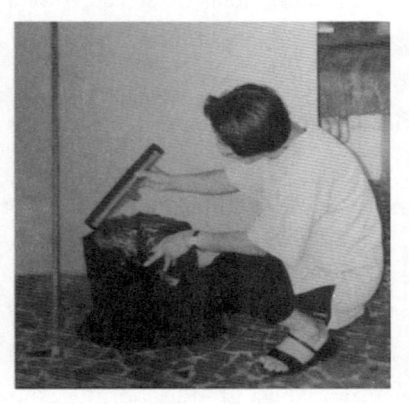

Eu havia recebido um saco com doações, e ao abri-lo qual foi a minha surpresa: encontrei uma parte de baixo para o rodo. As duas partes eram de rosquear, então, em um segundo, o rodo estava completo. E assim Deus nos provia com tudo.

Um café para as visitas

Tínhamos o desejo de deixar separado um café para quem nos visitava, mas não havia uma garrafa pequena, somente uma grande, que servia a todos. Comentamos isso entre nós em um domingo, e pensamos em logo comprar uma. Fui cuidar de outras tarefas, entre elas abrir uma sacola de doações, pois Deus sempre tocava corações de pessoas para nos enviar. Para minha alegria, havia uma garrafa térmica pequena, assim como precisávamos. Mais um pequeno grande milagre de Deus, que muito nos alegrava, pois Ele cuidava de tudo em detalhes.

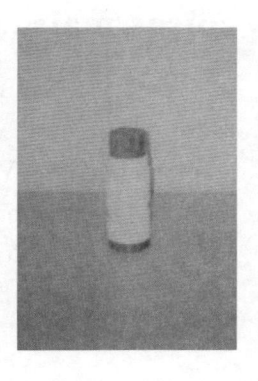

Assim começou nossa biblioteca

Foi com a doação de uma estante e alguns livros que Deus iniciou a nossa biblioteca, que era um plano d'Ele. Mas só percebemos isso depois, quando começamos a receber muitos outros livros. Eram livros de autores cristãos, que traziam crescimento espiritual.

Aproveitamos a estratégia de Deus e organizamos o acesso aos livros de duas maneiras: uns para consulta na própria igreja e outros de circulação, que eram emprestados, e podiam ser levados para casa por uma semana. E assim todos tinham a oportunidade de acesso à leitura de boa qualidade.

E outras coisas mais...

Deus ia acrescentando tudo o que necessitávamos no momento certo. Víamos, em cada detalhe, mesmo nas pequenas coisas, muito do amor, do cuidado e da bondade de Deus para conosco.

Cada um ofertava do que tinha

Um dos textos que mencionávamos em nosso momento de oferta era o da viúva pobre. Jesus valorizou o que ela ofereceu e ensinou sobre o valor de darmos o nosso melhor para Deus. Havia liberdade para que todos entendessem, e assim cada um trazia o que podia daquilo que tinha. Era muito lindo aquele momento! Essas ofertas eram transformadas em dinheiro quando as vendíamos, e usávamos para cobrir as despesas da igreja.

E, estando Jesus assentado defronte da arca do tesouro, observava a maneira como a multidão lançava o dinheiro na arca do tesouro; e muitos ricos depositavam muito. Vindo, porém, uma pobre viúva, depositou duas pequenas moedas, que valiam cinco réis. E, chamando os seus discípulos, disse-lhes: Em verdade vos digo que esta pobre viúva depositou mais do que todos os que depositaram na arca do tesouro; porque todos ali depositaram do que lhes sobejava, mas esta, da sua pobreza, depositou tudo o que tinha, todo o seu sustento. (Marcos 12.41-44)

Capítulo 4

Testemunhos de quem esteve junto

Andréia Ferreira Barros do Carmo

❝ Eu estava servindo na igreja naquele tempo e vivenciei os pequenos grandes milagres de Deus. Foi uma época marcante na minha vida, pois eu via e ficava espantada ao vislumbrar o que Deus fazia milagrosamente. Tudo o que necessitávamos a cada dia o Senhor providenciava. Era tremendo ver Deus agir, porque as doações vinham de pessoas que não sabiam das nossas necessidades.

Eu ficava voluntariamente à disposição, em tempo integral, a serviço da igreja durante a semana toda, e ajudava onde houvesse necessidade. Trabalhava limpando, cozinhando, fazia minipizzas, pães, bolos, brigadeiros, entre outras comidas, para arrecadarmos fundos para cobrir as despesas da igreja.

Também tínhamos um bazar permanente, onde eu ajudava a separar, colocar preços etc., e ficava à disposição para as vendas. Nessa hora é que eu via e ficava espantada ao contemplar o que Deus nos enviava, era sempre exatamente o que precisávamos, e eu me alegrava. A minha fé aumentava muito, pois eu via a provisão divina chegar.

Eu andava diariamente com a Pastora Rosa, indo a vários lugares onde ela ia para ajudar as vidas, mas eu nunca tinha percebido que ela passava por tantas necessidades, pois ela não me falava. Somente depois de uns sete anos soube disso. Quando ela me contou, fiquei assustada e impressionada, porque em momento algum ela demonstrava suas necessidades, e, mesmo assim, estava sempre pronta para ajudar as vidas.

Eu me lembro de quando tive uma infecção grave na unha do pé, que piorava dia após dia. Ficou muito feio e cheguei a pensar que iria perder a unha. Prontamente, a Pastora Rosa me levou a um podólogo em um *shopping* e depois também me levou ao retorno para fazer o curativo. Depois de poucos dias, a infecção foi curada.

Com essas experiências, aprendi a depender de Deus e a esperar n'Ele, e tenho experimentado a provisão sobrenatural de Deus, que tem me suprido diariamente em tudo o que eu preciso, sem falar nada para ninguém. Ao mesmo tempo, Deus me fala algumas vezes para dar e abençoar as vidas e, obedecendo, fico surpresa ao ver o que Deus faz, que é infinitamente mais do que penso, apesar de nunca dar esperando receber algo de volta. Tenho ensinado os meus filhos a fazerem o mesmo, e eles também têm experimentado e vivido os pequenos grandes milagres de Deus.

Hoje, olho para trás e vejo o quanto aquele tempo foi precioso, pois aprendi lições profundas, que mudaram a minha vida. Como sou grata e apaixonada por Jesus Cristo, que mudou a minha vida! Isso me faz buscá-lO incansavelmente e perseverar no Senhor, mesmo nos momentos mais difíceis da minha vida. Tenho tido a oportunidade de servir em algumas áreas da igreja onde Deus me colocou, e isso tem sido uma grande alegria para mim. É por isso que eu O louvo assim:

> Ó profundidade das riquezas, tanto da sabedoria, como da ciência de Deus! Quão insondáveis são os seus juízos, e quão inescrutáveis, os seus caminhos! Porque quem compreendeu o intento do Senhor? Ou quem foi seu conselheiro? Ou quem lhe deu primeiro a ele, para que lhe seja recompensado? Porque dele, e por ele, e para ele são todas as coisas; glória, pois, a ele eternamente. Amém! (Romanos 11.33-36)

Andresa Santos Moreira

❝ No início da minha conversão, um pouco antes de participar das atividades da igreja, por volta do ano 2000, recebia estudos bíblicos do curso "Entendendo a Deus" em minha casa, junto à minha família. A tia Rosa e outros irmãos iam para lá, todos os finais de semana, dedicando tempo e cuidado espiritual às nossas vidas.

Minha família e eu fizemos parte do período dos pequenos grandes milagres de Deus na igreja. Foi um tempo muito precioso, no qual aprendemos realmente a ver Deus nas pequenas grandes coisas.

Muitas vezes, fazíamos orações apresentando a Deus as necessidades da igreja; algumas vezes, apenas comentávamos entre nós o que precisávamos e, em pouco tempo, Deus supria aquela necessidade. Juntos, vibrávamos e agradecíamos com muita alegria como se tivéssemos ganhado milhões, porque víamos o cuidado e carinho do nosso Deus, tão grande e tão pessoal ao mesmo tempo.

Morei com a tia Rosa por quase seis anos, período em que estava cursando minha faculdade, e também após a conclusão. Foi nesse período, morando em sua casa, que fiquei sabendo das necessidades que ela tinha passado e me alegrei por saber de tantos pequenos grandes milagres de Deus na vida dela. Fiquei maravilhada, pois antes, estando junto ali na obra, não tinha ideia dessas necessidades.

Durante esses anos, aprendi valores que marcaram a minha vida: honra, gratidão, dependência de Deus e de Sua Palavra. Em nossa convivência, orávamos também pelos enfermos e nos alegrávamos juntas ao ver as respostas e os milagres que Deus fazia nas visitas de capelania hospitalar.

Naquele tempo, eu ajudava a cuidar de um grupo de crianças da igreja, semeando a Palavra de Deus. Servindo ao Senhor dessa maneira, descobri um chamado para minha vida em relação a crianças. Como fruto desse tempo, iniciou-se o Projeto Zara, no qual tive a oportunidade de me dedicar integralmente a esse chamado.

As crianças eram atendidas todos os dias no projeto, tanto aquelas que fizeram parte do início, quando havia os grupos de estudos em minha casa, e também outras, que alcançamos com o passar do tempo. Ali, elas recebiam atividades educacionais junto aos princípios bíblicos, e assim a Palavra de Deus estava sendo sempre semeada em suas vidas. Depois de um tempo, o nome do projeto mudou, passando a ser chamado Projeto Farol.

Sou muito grata ao Senhor nosso Deus, que em tudo conduz nossas vidas, fazendo todas as coisas no tempo certo. Jesus é o nosso maior presente e, em Sua fidelidade e amor, sempre nos surpreende. A Ele seja toda honra e toda glória para sempre!

Capítulo 5

Experiências com *Jeová-Rapha*, o Deus que cura

[...] Eu sou o Senhor, que te sara. (Êxodo 15.26b)

Uma vida nova

Desde a época da minha adolescência, eu tinha dificuldade para comer. Eu não sabia que tinha um problema de refluxo gastroesofágico. Lembro-me que, na hora do intervalo, na escola, eu tentava comer alguma coisa, mas não conseguia engolir.

Os anos foram se passando e fui piorando cada vez mais, a dor era intensa; sentia uma queimação insuportável mesmo tomando muitos antiácidos. Por causa disso, muitas vezes eu não conseguia dormir, mesmo numa cadeira reclinável, da qual eu controlava a inclinação. As horas das refeições foram se tornando momentos cada vez mais difíceis, pois não conseguia engolir, mesmo tomando algum líquido com o alimento. Era uma situação tão incômoda, que eu fechava uma das mãos e batia bem forte na região do esôfago, na tentativa de fazer o alimento descer, mas não resolvia. Mesmo sem conseguir comer quase nada, eu tinha tanta azia, que a sensação era de estar com vômito na boca por vinte e quatro horas diariamente.

Uma equipe médica tentou resolver com medicação, mas não houve resposta positiva do meu organismo, que apresentava um problema de anatomia. Em 1988, acabaram indicando a cirurgia de correção da hérnia de hiato, com implantação de uma válvula antirrefluxo, que solucionou a situação apenas por algum tempo.

Depois de doze anos, o problema voltou e tive a mesma dificuldade para me alimentar e para dormir, com muita azia outra vez. A válvula havia perdido o seu efeito e eu teria de passar por cirurgia novamente, dessa vez mais complicada e de alto risco. Segundo o médico, em vinte e quatro anos só tinha visto dois casos semelhantes ao meu. Nessa ocasião, foi feito o exame de pHmetria de vinte e quatro horas do esôfago[1], e o resultado foi semelhante ao de antes da cirurgia, quando ocorreram sete episódios de refluxo de longa duração, chegando a duas horas e quinze minutos, quando o normal é que seja de até cinco minutos. Esse exame era a comprovação da ineficiência da válvula.

Foi nesse tempo em que, certo dia, meu pai reuniu toda a nossa família e, chorando, pediu para que todos orassem por mim, pois achava que aquela era uma situação de morte. Eu mesma cheguei a pensar que meu fim havia chegado, até chamei minha irmã mais velha para dizer a ela o meu desejo na ocasião do meu funeral. Expressei que gostaria que ela entregasse uma Bíblia a quem não tivesse uma, pois ela tinha sido o maior tesouro da minha vida.

---

[1] Segundo o Centro Paulista de Endoscopia, "esse exame é realizado para avaliação da Doença do Refluxo Gastroesofágico (DRGE). Como nem todos os pacientes com DRGE apresentam sintomas característicos ou alterações inflamatórias na endoscopia, e muitos não estão respondendo adequadamente ao tratamento, há necessidade da realização da pHmetria com a finalidade de determinar se há, realmente, refluxo maior do que o normal, e se algum dos seus sintomas pode estar relacionado com refluxo de ácido do estômago para o esôfago. O médico deverá inserir uma sonda de fino calibre, através da narina e do esôfago, com a qual o paciente deverá permanecer durante 18 a 24 horas". Informações retiradas da publicação **pHmetria de 24 horas**. Disponível em *http://www.cpe.med.br/exames/phmetria-de-24-horas/*. Acesso em outubro de 2020.

Naquela ocasião, a Pastora Sarah foi usada por Deus, recebendo direção, sabedoria e estratégia, e me orientou a fazer oração e jejum. Quase no final desse período de crise, fui confrontada pelo inimigo a desistir. Foi nesse momento que recebi do Espírito Santo uma força sobrenatural para declarar e, literalmente, gritei: "Ainda que ele me mate, nele esperarei" (Jó 13.15a). No dia seguinte, diante da igreja, testemunhei a minha convicção acerca da cura sobrenatural que Deus operara em mim, lendo o capítulo onze de Hebreus. Isso aconteceu na mesma semana em que o médico pretendia fazer a cirurgia.

Algum tempo depois, refiz o exame de pHmetria de vinte e quatro horas do esôfago, e o resultado do refluxo de longa duração foi zero. Senti uma emoção indescritível quando vi aquele resultado! Minha cura estava comprovada pela medicina, inclusive através dos demais exames. O médico me disse que aquilo só poderia ser um milagre, pois aconteceu não só uma mudança dos sintomas, mas também uma alteração da anatomia do meu esôfago.

Passei um ano inteiro chorando de alegria e gratidão a cada refeição a partir desse maravilhoso milagre de Deus em minha vida. E eu dizia: "Deus, agora eu consigo comer!".

No dia 2 novembro de 2020, completaram-se vinte anos do dia em que Deus operou sobrenaturalmente a minha cura. Duas décadas de uma vida nova. Louvado seja o nosso Deus Todo Poderoso! O Deus Triúno – Pai, Filho e Espírito Santo.

Deus anulou o efeito nocivo

Depois de ter recebido de Deus a cura do esôfago, continuei a servir ao Senhor numa pequena igreja, que estava iniciando seus trabalhos e apresentava grandes dificuldades financeiras. Como não tínhamos filtro de água, eu levava água de casa em frascos de refrigerantes e colocava na geladeira para o nosso consumo. Também comprava produtos de limpeza, sendo um deles o cloro a granel, e este também vinha em frasco de refrigerante, e eu cuidadosamente tratava de colocar etiqueta nos frascos assim que eu chegava com esse produto.

Aconteceu que, um dia, deixei o frasco de refrigerante com o cloro no chão e, antes que eu colocasse a etiqueta, alguém passou e o colocou na geladeira, pensando que fosse água. Ao sentir sede, fui até a geladeira, coloquei a "água" numa caneca, que não era transparente, e bebi. Imediatamente, comecei a me sentir mal, com uma queimação violenta em meu estômago, e me dei conta de que tinha tomado cloro puro. Que desespero! Mas o Senhor me deu forças para ir dirigindo até um posto de saúde, onde fizeram uma lavagem estomacal com soro e fui liberada para voltar para a minha casa.

Quando uma das minhas irmãs tomou conhecimento do que aconteceu, levou-me imediatamente ao pronto socorro de um hospital, e lá fiquei internada por oito dias. Depois de fazer um exame de endoscopia, o médico disse que eu estava correndo risco de ter o esôfago fechado.

Durante a internação, eu ficava inconformada por não ter sentido o cheiro nem o gosto do cloro. Sentia como se eu tivesse sido displicente ao beber o líquido, sem sentir características que são tão fortes e peculiares desse produto. Somente através da visita de uma pessoa, que entendia de produtos químicos, fiquei sabendo que, em baixa temperatura, o cloro perde o sabor e o cheiro. Depois, soube também que o fabricante daquele produto colocava soda cáustica para potencializar seu efeito para limpezas pesadas, e entendi mais ainda a gravidade daquele acidente.

O inimigo quis colocar a mão em minha vida, mas Deus operou novamente um milagre, não permitindo que o cloro causasse qualquer dano em meu organismo. Agindo Deus, quem impedirá? (cf. Isaías 43.13b).

Enxaqueca nunca mais!

Durante muitos anos da minha vida, sofri muito com enxaqueca no período pré-menstrual e até no pós-menstrual. Todo mês, eram dez dias com uma dor terrível, mesmo tomando medicamentos. Cheguei ao ponto de ter de faltar ao trabalho um dia por mês, usando o direito de abono que minha atividade permitia.

No retiro de Páscoa, provavelmente em 1998, quando estava acontecendo a primeira ceia pascal com carne de cordeiro, eu estava atravessando o período de enxaqueca, e uma dor terrível me atormentava absurdamente. Durante o culto, no momento dos cânticos de louvor, a dor era tão grande que eu tinha de me apoiar no encosto da minha cadeira. Foi nessa situação que me dobrei, ajoelhando-me e colocando meu rosto no chão, e clamei ao Senhor: "Deus, por favor, cura-me da causa dessa enxaqueca!".

Imediatamente depois do meu clamor, a pregadora, Dra. Sarah Hayashi, disse: "Deus está curando você da fonte da sua enxaqueca!". Falei comigo mesma que aquilo era para mim e tomei posse daquela declaração, ou seja, aquelas palavras despertaram a minha fé. Eu cri e entendi que Deus estava respondendo à minha oração, então recebi pela fé a minha cura. Continuei em posicionamento de fé e testemunhei, com alegria, na mesa do jantar, que Deus havia me curado da enxaqueca.

Havia marcado consulta com a ginecologista exatamente para falar mais uma vez sobre a enxaqueca. Mas acabei não comentando nada com ela, pois eu tinha cem por cento de convicção de que estava curada. No mês seguinte, pude constatar a minha cura com muita alegria. Nenhuma dor me acometeu e, a partir daquele mês, nunca mais voltou. Glórias ao nosso Deus!

Capítulo 6

Meu cantinho: um presente de Deus

Em uma reunião de adoração e louvor, chamada "Harpa e taça", recebi uma palavra profética através da Dra. Sarah: "Já tenho preparado um cantinho para ti; vou alegrar-te com um jardim, porque tu chorarás pelas vidas". E eu guardei essas palavras em meu coração. Naquela ocasião, Deus havia falado para mim que era tempo de adquirir um lugar para morar, pois, por razões de segurança, eu estava temporariamente em um apartamento emprestado. Isso, porque anteriormente eu estava morando sozinha numa casa que era da minha família, onde morei com meus pais. Eles, porém, já haviam falecido e a minha saída daquela casa aconteceu depois de uma experiência que passei. Em uma sexta-feira, por volta das onze horas da noite, eu estava lavando louça quando Deus me avisou: "Um ladrão vai pular pelo alçapão". Naquela noite, fiquei muito assustada, dormi com a porta do quarto fechada com chave.

Nos dias anteriores, tinha chovido e houve vazamento de água na sala, como se algumas telhas estivessem quebradas. Eu até fiz contato com um profissional para que substituísse as telhas, mas a agenda dele não permitiu. De um modo inexplicável, esse profissional me ligou no sábado, o dia seguinte ao aviso de Deus, para confirmar que viria ver o local com vazamento.

Depois de subir no telhado, ele avisou-me que não havia telha alguma quebrada, mas tinham três aberturas por destelhamento, e lá estavam os tapetes que eu havia lavado e estendido no varal. Ele logo me falou: "Aconselho que você feche esse alçapão hoje mesmo, pois ladrões deixaram o lugar preparado para voltar". Imediatamente, fiz o que ele recomendou e, nessa hora, meu coração se encheu de gratidão a Deus pela grandeza do Seu cuidado para com a minha vida e segurança. Que livramento de Deus eu tive! Não posso nem imaginar o que poderia ter acontecido. A partir disso, senti que não seria seguro continuar morando sozinha naquela casa enorme, e por isso aceitei o convite que me fizeram para morar temporariamente em um apartamento emprestado.

Com uma das minhas irmãs, passei a visitar alguns apartamentos, mas em nenhum deles eu senti qualquer tipo de testificação ou convicção. Até que, ao visitar certo apartamento, assim que chegamos ao seu jardim, meu coração se encheu de uma alegria sobrenatural. Logo depois, o Espírito Santo me fez lembrar da palavra profética que eu havia recebido, o que me trouxe a convicção de que aquele era o cantinho preparado por Deus para mim. Senti uma confirmação ainda maior em meu coração ao ouvir uma frase dita pelo corretor: "Este jardim traz muita alegria!".

Então, adquiri o apartamento, porém ele precisava de reforma em vários pontos. Mas nem isso me deixou em dúvida, pois tínhamos feito um negócio muito bom com a venda da casa em que eu morava e de outra, que também pertencia à nossa família. A parte que me coube na divisão do valor era praticamente o preço do apartamento escolhido.

Depois de concretizada a compra do apartamento, Deus começou a prover tudo o que eu precisava para a reforma. Comprei pisos, revestimentos de parede, peças sanitárias, pia da cozinha, e tudo quanto era necessário. A cada item que eu planejava adquirir, sentia a paz de Deus dando-me a certeza de que aquilo deveria ser comprado. Ou seja, Deus estava dirigindo a reforma do meu apartamento.

Em certo dia, quando a data de vencimento da fatura que havia os itens comprados para reforma estava próxima, senti da parte de Deus que eu deveria ir até a casa de uma das minhas irmãs. Chegando lá, havia uma correspondência do Centro do Professorado Paulista (CPP) para mim. Como eu havia me descredenciado havia aproximadamente dois anos, pensei que seria alguma propaganda e, por isso, pedi a ela para descartar. Mas ela insistiu bastante para que eu recebesse e até correu para me entregar a correspondência quando eu já estava saindo com o carro. E eu acabei pegando o envelope por causa do esforço dela. Mas pensei: "É uma propaganda mesmo, eu vou olhar e depois descartar", esquecendo-me de que Deus havia me direcionado para ir até lá.

Ao chegar em casa, abri o envelope e tomei um grande susto, pois era um aviso do CPP me dizendo que a escola onde eu trabalhava havia ganhado a causa de uma ação, na qual havia dado entrada há dezenove anos. Queriam a minha permissão para descontarem 1% dos custos jurídicos e saber meus dados bancários para que fizessem o depósito do valor que me cabia. Entendi o propósito daquela direção de Deus para que eu fosse à casa da minha irmã, e então agradeci e adorei a Ele. Depois de separar o dízimo do Senhor, constatei que era praticamente o valor daquela fatura, na qual os materiais da reforma do apartamento estavam sendo cobrados.

O apóstolo Paulo disse àqueles que foram fiéis dando as ofertas para a obra do Senhor: "Mas o meu Deus suprirá todas as vossas necessidades, em conformidade com as suas gloriosas riquezas em Cristo Jesus" (Filipenses 4.19 – KJA). Como é maravilhoso ser testemunha da ação de Deus em nossas vidas.

Chegado o momento de comprar armários para a cozinha, fui a uma rua especializada na venda de móveis em São Paulo com a intenção de parcelar a compra em dez vezes. Enquanto eu caminhava e olhava as lojas, um pensamento veio à minha mente: "Como seria bom se aquela pessoa, a quem eu emprestei dinheiro há oito anos, procurasse-me para devolver o valor daquele empréstimo!". Mas eu havia perdido contato com ela. Foi impressionante o que aconteceu: naquela mesma rua, encontrei o marido daquela amiga. Ele imediatamente pediu meus dados para contato e, no dia seguinte, sua esposa me telefonou para dizer que estava me procurando para me pagar o empréstimo e, logo em seguida, devolveu o dinheiro com a devida correção do valor. Era Deus continuando a dirigir a minha reforma e suprindo, passo a passo, tudo que o era necessário.

O nosso Deus tem poder e amor suficientes para suprir nossas necessidades, e Ele pode ir além. Ele também pode fazer mimos para alegrar nosso coração. Foi assim quando eu compartilhei com Ele que eu precisava de cortina, jogo de panelas, pratos e xícaras para uso diário, mas disse a Ele que eu sabia que a prioridade era a reforma, e que eu compraria essas outras coisas aos poucos.

O Senhor, porém, moveu três pessoas naquela mesma semana, sem que eu tivesse comentado coisa alguma com ninguém. Fiquei muito impressionada com a Sua prontidão. Uma delas me disse que gostaria de me presentear com um jogo de pratos e xícaras. Outra pessoa me disse que tinha uma cortina para sala e duas outras para os quartos, que estavam novinhas, e ela queria saber se eu gostaria de recebê-las. Uma terceira pessoa me ofereceu um jogo de panelas e louças que estavam fora das caixas, mas eram novinhas. Que alegria senti ao reconhecer a mão de Deus em cada situação.

Eram coincidências? Com certeza não! Era Deus Se movendo. Era Ele suprindo tudo o que eu precisava. E tudo isso aconteceu sem que eu falasse coisa alguma a uma pessoa sequer. Deus realmente conhece todas as nossas necessidades e desejos! Eu me maravilho com a Sua mão poderosa operando em cada detalhe. Deus sempre nos surpreende, e isso nos leva a querer conhecer mais dos Seus caminhos, que são muito mais altos do que os nossos. A Palavra de Deus diz: "Ensina-me, Senhor, o teu caminho e guia-me pela vereda direita [...]" (Salmos 27.11a).

Capítulo 7

Deus me presenteou com viagens

Viagem para Londres: muito além do que pensei

Em 1994, a diretora da escola onde eu trabalhava apresentou-me uma correspondência de uma famosa e muito conceituada escola de idiomas, que estava oferecendo bolsas de estudos para aprender inglês no Reino Unido. Apresentei essa oportunidade a Deus em oração, buscando conhecer a Sua vontade, e deixei o assunto em Suas mãos. Naquela ocasião, eu estava apresentando episódios de pressão arterial muito alta e sentia muitas dores de cabeça, cheguei até a ser hospitalizada. Quando recebi alta do hospital, o período para a inscrição estava quase terminando.

Então recebi de Deus uma grande motivação para fazer a inscrição. O pedido daquela escola de idiomas era para responder, com pelo menos trezentas palavras, a seguinte pergunta: "Por que você gostaria de ir ao Reino Unido?". Assim que comecei, Deus foi me inspirando e me capacitando de tal maneira, que escrevi além das trezentas palavras. Foi grande a minha surpresa quando, depois de duas semanas, a instituição me convidou para uma entrevista, que aconteceu com um diretor da escola de inglês e uma professora universitária.

Deus derramou de Sua graça sobre mim durante aquela entrevista, pois eu respondia com tranquilidade às perguntas. Porém, de repente, comentei com eles que, em breve, pretendia solicitar minha aposentadoria, e eles finalizaram imediatamente a entrevista, o que me fez pensar que essa informação tinha causado um impacto negativo nos entrevistadores. Logo pensei: "Eu não precisava ter dito isso, eles nem me perguntaram... Escorreguei!". Pensei que certamente havia perdido a oportunidade! Entretanto, vi que Deus tinha um propósito com isso, pois, depois de dois dias, recebi uma carta informando que eu havia ganhado a bolsa de estudos, que incluía passagem aérea, curso de inglês e hospedagem na casa de uma família.

Apesar de estarem cientes da minha intenção de me aposentar, os responsáveis por aquele processo seletivo resolveram investir em mim. Creio que Deus fez dessa forma para deixar bem claro que era Ele quem estava me presenteando com a viagem, e isso me deixou muito feliz.

Quando Deus quer nos agradar, Ele move o que for necessário a fim de nos dar o melhor. Veja só o que Ele fez: era a minha primeira viagem ao exterior e o bilhete aéreo era de classe econômica, mas, no momento do *check-in*, colocaram-me na classe executiva, na poltrona da janela. Viajei contemplando o céu e glorificando o Senhor, que criou a natureza, com toda sua exuberância e beleza.

Entreguei tudo completamente na mão do Senhor, inclusive minha saúde, pois, antes da viagem, tive sérios problemas intestinais, que me fizeram pensar que talvez não seria possível viajar. O médico que me acompanhava fez contato com uma médica de Londres, para que eu tivesse a quem recorrer, caso necessitasse, e também prescreveu medicamentos, que eu deveria levar e tomar para dar continuidade ao tratamento. Cheguei a planejar fazer um seguro de viagem, mas acabei não contratando, pois entendi que Deus estava cuidando de tudo e me levando a depender exclusivamente d'Ele. Ao orar, muitas vezes, Deus me leva ao texto:

Elevo os olhos para os montes: de onde me virá o socorro? O meu socorro vem do Senhor, que fez o céu e a terra. Não deixará vacilar o teu pé; aquele que te guarda não tosquenejará. Eis que não tosquenejará nem dormirá o guarda de Israel. O Senhor é quem te guarda; o Senhor é a tua sombra à tua direita. O sol não te molestará de dia, nem a lua, de noite. O Senhor te guardará de todo mal; ele guardará a tua alma. O Senhor guardará a tua entrada e a tua saída, desde agora e para sempre. (Salmos 121)

É maravilhoso ver Deus confirmar o que Ele diz através de pessoas à nossa volta. Recebi de uma pessoa um cartão desejando-me boa viagem, e nele estava mencionado o texto de Salmos 121. Outra pessoa também me entregou um cartão, no qual essa mesma passagem bíblica estava escrita. Passei a meditar e ler esse texto várias vezes, tendo cada vez mais convicção de que Deus estava cuidando e continuaria a cuidar de tudo. Naquela mesma semana, uma terceira pessoa me procurou para entregar uma sacola com várias lembrancinhas, para eu levar comigo na viagem e dar às pessoas com quem eu iria conviver lá. Na sacola, havia um cartão que também continha uma referência de Salmos 121. Entendi claramente que Deus estava demonstrando e confirmando a Sua vontade de que eu fizesse essa viagem confiando exclusivamente n'Ele, sem qualquer seguro de viagem.

Meu coração estava cheio de gratidão, paz e alegria. Fiz minha mala chorando de alegria, pois Deus havia concedido a viagem, assim como tudo o que era necessário, e ainda, através de Sua Palavra, deu-me toda a segurança para viajar tranquila. Além de Salmos 121, Ele trouxe ao meu coração um texto que diz: "Não temas, porque eu sou contigo; não te assombres, porque eu sou o teu Deus; eu te esforço, e te ajudo, e te sustento com a destra da minha justiça" (Isaías 41.10). E Deus continuou a cuidar de mim. Ele colocou no avião uma pessoa que tinha como destino o mesmo bairro que eu, para me fazer companhia, e providenciou até mesmo pessoas que me ajudaram a carregar a mala, que estava bem pesada, pelas escadarias.

Fui recebida pela anfitriã – em cuja casa eu ficaria hospedada – com café, doces e muita gentileza. Ela adorava cozinhar e se podia notar pela espaçosa cozinha que havia na casa, equipada com bastantes armários, que tudo era muito organizado. E me chamou a atenção o fato de que havia três estantes de livros de culinária ali. Eu nunca vira algo assim. Fiquei impressionada com a abundância de alimentos à mesa. Uma colega, que estava hospedada em outra casa, comentou que, na noite de sua chegada, serviram-lhe batatas no jantar.

Deus, porém, colocou-me na casa dessa pessoa, que tinha uma preocupação especial com alimentação saudável. Claro que isso não foi uma coincidência, foi um trabalho de Deus. Afirmo isso, porque até o suco de maçã, que o médico do Brasil recomendou que eu tomasse diariamente por causa dos problemas intestinais que eu apresentava, a anfitriã preparava e servia no café da manhã e no jantar, sem que eu tivesse feito qualquer comentário sobre a recomendação médica. Já o meu almoço era feito na escola. Que tremendo o cuidado de Deus!

Além disso, naquela casa também ficou hospedada uma mulher cidadã da Argentina, que estava lá para fazer o mesmo curso que eu. Tínhamos uma grande afinidade e passamos juntas um tempo muito bom, especialmente quando caminhávamos voltando do curso, sendo companhia uma para a outra. Isso foi especialmente importante, porque lá anoitece a partir das quatro horas da tarde, e voltávamos depois desse horário.

E mais surpresas Deus havia reservado para mim naquele curso. Imaginava que seria como uma conferência, com centenas de pessoas de todo o mundo, mas não era assim. Eram somente onze pessoas na sala de aula, das quais cinco eram brasileiras, e éramos os únicos com bolsa de estudo completa. Os demais alunos ficaram muito impactados com isso, pois tinham pagado todo o valor do curso, além da hospedagem e das passagens aéreas – tudo isso tinha um preço altíssimo. Ao sair do Brasil, eu já sabia que a viagem era um presente de Deus, mas obtendo essas informações, fiquei ainda mais maravilhada por saber quão especial foi esse presente.

Em certa noite, tivemos uma conferência de três horas sobre a cidade de Londres e obviamente mencionaram a respeito do palácio da realeza, com sua riqueza e grandiosidade. Apresentaram a festa de aniversário da rainha e muitas informações sobre as cerimônias e suas preparações: elas contam com seiscentos guardas, quatrocentos músicos e duzentos cavalos! Os músicos preparavam-se por três anos e precisavam saber tocar ao menos dois instrumentos. Segundo nos disse a professora, os integrantes da guarda real precisavam ter estudado em uma escola de referência, e eram avaliados e escolhidos por sua experiência e conhecimento. Entre aqueles integrantes, os que seguram a bandeira têm de se exercitar fisicamente por seis meses para permanecerem na posição correta, ereta, em todo o tempo, sem demonstrar cansaço.

Assisti somente a uma parte da cerimônia da troca da guarda do Palácio de Buckingham, mas isso foi suficiente para eu entender mais sobre as riquezas espirituais. Observando toda aquela riqueza, organização e proteção ao palácio, pude meditar e entender quão profundo o fato de fazermos parte da realeza no Reino de Deus. Que privilégio! O Senhor diz:

> Mas vós sois a geração eleita, o sacerdócio real, a nação santa, o povo adquirido, para que anuncieis as virtudes daquele que vos chamou das trevas para a sua maravilhosa luz. (1 Pedro 2.9)

Viagem à Escócia: olhando para os montes

Durante o curso de inglês, em Londres, a escola organizou uma viagem turística para a Escócia. Foram doze horas de viagem de ônibus e, nesse percurso, eu me emocionava e glorificava a Deus ao contemplar a natureza cheia de neve – um espetáculo que eu nunca tinha visto antes.

Eram montes e mais montes cobertos pela neve, e imediatamente me lembrei de Salmos 121, que era a Palavra que estava sobre a minha vida desde quando aquela viagem estava sendo preparada no Brasil. Mais um presente que Deus me concedeu foi poder olhar para aqueles montes e me fazer lembrar de que o meu socorro vem d'Ele, o Senhor, que fez o Céu e a Terra.

Era um domingo e, naquela manhã, visitamos um castelo onde havia uma igreja presbiteriana, e no momento em que cheguei lá, estava havendo culto. Ao entrar na sala, foi-me entregue o boletim da igreja, e fiquei impressionada com o que vi: o capítulo 121 de Salmos estava integralmente escrito ali. Era Deus fazendo questão de me manter consciente de Sua presença e confirmando que até aquela viagem turística estava dentro do Seu propósito para a minha vida.

Viagem para Paris: um anjo de Deus

Depois do encerramento do curso de inglês em Londres, com direito à entrega de certificados e despedida, em uma noite de confraternização, uma das alunas brasileiras me propôs passarmos uma semana em Paris. Eu entendi que a provisão que Deus havia me dado poderia ser usada para isso. Como não havíamos planejado essa viagem, ao chegar à cidade, não sabíamos nem por onde começar o passeio! Estávamos verificando como fazer para conseguirmos o bilhete de metrô, quando vimos com alegria a mão de Deus operando em nosso favor. Isso, porque um motorista de táxi, cidadão de Portugal, aproximou-se de nós e nos orientou em tudo o que precisaríamos fazer.

No último dia, ao pensar em tudo quanto Deus havia feito, desde o início dessa viagem, meu coração se encheu de mais gratidão a Ele, porque tudo aconteceu conforme a Sua promessa em Salmos 121. Voltei totalmente curada por Ele. Acabei não precisando tomar aquele medicamento que o médico havia prescrito, nem sequer uma cápsula! Em uma das aulas, fiquei maravilhada quando soube, através da professora, que a escola estava localizada em Bournemouth, uma região para onde pessoas de todo o mundo iam, a fim de obterem tratamento de saúde, pois o clima daquele lugar favorece tal melhora. Deus me levou até ali não somente para que eu realizasse um curso, mas com o objetivo de me abençoar em minha saúde também. O Senhor fez infinitamente mais do que eu havia pensado. Como Ele é maravilhoso!

> Ora, àquele que é poderoso para fazer tudo muito mais abundantemente além daquilo que pedimos ou pensamos, segundo o poder que em nós opera, a esse glória na igreja, por Jesus Cristo, em todas as gerações, para todo o sempre. Amém! (Efésios 3.20-21)

Viagem ao Japão: a palavra profética que se cumpriu

Estávamos em uma festa de família, comemorando os aniversariantes do mês, quando, de repente, um pastor que não me conhecia veio em minha direção. Ele disse que teve uma visão profética na qual eu tinha duas bolas de fogo em minhas mãos e estava no Japão, onde Deus me falava que eu seria usada pelo Espírito Santo com a Sua unção. Naquela hora, recebi novamente mais palavras que confirmavam o chamado de Deus para a minha vida.

Guardei aquelas palavras em meu coração e coloquei uma bandeira do Japão em meu quarto para lembrar daquela profecia e orar a respeito dela também. Fazia isso frequentemente, declarando que aquelas palavras iriam se cumprir no tempo de Deus.

Passados quinze anos, uma pessoa me perguntou se eu tinha o desejo de ir ao Japão. Respondi que sim, mas disse também que essa viagem aconteceria no tempo certo de Deus. Ainda naquela semana, duas outras pessoas me fizeram essa mesma pergunta, e respondi com aquela convicção que eu tinha de que iria, sim, no tempo determinado por Deus. Cerca de um mês depois, durante um almoço em meu apartamento, uma das pessoas à mesa, que nada sabia sobre o meu sonho de viajar ao Japão, disse-me: "Estou vendo você com uma mala, você vai viajar. Mas não se preocupe com o dinheiro necessário para isso".

No mesmo mês em que aconteceram essas coisas, recebi um presente de uma daquelas pessoas que havia me perguntado se eu pensava a respeito de ir ao Japão. Era uma sacola e, no fundo dela, havia dois envelopes. Em um deles estava escrito: "Passagem aérea para o Japão", contendo dinheiro em moeda brasileira. E, no outro envelope, havia dinheiro em moeda americana para os gastos no Japão. Eu me ajoelhei ali mesmo e, chorando, comecei a agradecer a Deus.

Naquele tempo, uma das minhas irmãs e meu cunhado estavam no Japão, tendo sido enviados como missionários. Coincidência? Com certeza, não! Era o tempo certo de Deus. Porque se não tivesse alguém para me receber e me dar o apoio necessário, ficaria muito mais difícil para mim, especialmente por não ter fluência no idioma japonês.

Nosso Deus sempre vai além do que podemos pedir ou pensar! Apesar de o meu bilhete ser de classe econômica, pude viajar confortavelmente. Deus providenciou um lugar para mim onde as duas poltronas ao meu lado não foram ocupadas. Era uma viagem de vinte e quatro horas, mas eu pude até me deitar, para manter meu corpo descansado.

O avião fez uma conexão em Dubai, onde esperamos por sete horas, e Deus preparou uma companhia para mim. Conheci uma jovem, descendente de japoneses, que estava indo ao mesmo destino que eu. Passamos esse tempo de espera juntas, e foi muito agradável.

Ao desembarcar no Japão, precisei preencher um formulário no idioma japonês, e certamente eu teria dificuldade para fazer isto. Entretanto, novamente vi o cuidado de Deus em mais essa necessidade: uma senhora, que estava sentada próxima a mim no avião, ajudou-me imediatamente preenchendo o formulário e levando-o ao guichê específico.

Antes da viagem, ganhei um porta-moedas com algumas moedinhas em Iene, que é a moeda usada no Japão. Não tinha a mínima ideia de como seriam úteis! Eu havia combinado o local do encontro com a minha irmã e meu cunhado, que, como mencionei, naquele tempo estavam morando no Japão como missionários. No entanto, houve um desencontro, pois acabei indo para uma outra saída do aeroporto e tive dificuldade para encontrá-los. Graças a Deus, eu estava com o número do celular deles, e as moedinhas possibilitaram que eu fizesse uma ligação para eles de um telefone público. Que alegria eu tive ao encontrá-los! Estava com muitas saudades, pois havia passado mais de dois anos sem vê-los.

Passei duas semanas hospedada na casa da minha irmã. Foi um tempo maravilhoso e intenso, com muitas atividades. Certo dia, saímos em direção ao metrô com um bilhete válido para o dia todo. Então descíamos em cada estação para orar nas ruas. Também tivemos momentos de lazer, foi quando conheci alguns lugares incríveis.

Pude participar, durante a semana, de estudos bíblicos e, no domingo, do culto liderado por meu cunhado e minha irmã, que estavam à frente daquela obra. Era um grupo pequeno, mas vivíamos uma explosão de alegria causada pela presença de Deus, que era muito intensa ali. Tivemos também dias maravilhosos de muita comunhão com os irmãos, especialmente com a família Tomita, com quem passamos momentos abençoados e agradáveis.

Antes de voltar ao Brasil, Deus nos direcionou a visitarmos a casa de uma senhora que estava com depressão. Ele nos revelou o lugar específico onde havia sido iniciada aquela prisão espiritual, que a estava afetando nos âmbitos físico e emocional. Chegando lá, fizemos um ato profético, ou seja, obedecemos a uma ordem expressa do Senhor realizando uma ação visível que simbolizava algo que o próprio Deus já havia determinado para que acontecesse. Ele a estava tirando da prisão espiritual em que ela se encontrava.

Deus trouxe libertação e cura àquela pessoa, fazendo com que se cumprisse a palavra profética que eu tinha recebido há quinze anos, quando um pastor teve a visão das duas bolas de fogo nas minhas mãos. Com isso, Deus me lembrava do Seu chamado para minha vida e do propósito que Ele tinha ao me levar ao Japão. Naquele mesmo dia, o meu cunhado foi usado para apresentar o plano da salvação ao marido dela, que entregou sua vida para Jesus. Eu soube, depois de um tempo, que ele foi batizado nas águas, fazendo uma aliança com Jesus.

Voltei maravilhada com o que Deus havia feito, exatamente como a palavra profética que Ele tinha revelado. Como é linda a ação de Deus nas coisas grandes e também nos detalhes.

A viagem dos meus sonhos: Israel

Em maio de 2018, fiz a viagem dos meus sonhos. Ano após ano, ao fazer o planejamento anual, eu colocava diante de Deus esse desejo, que era também meu sonho: ir a Israel. E isso aconteceu no tempo certo de Deus. Foi muito maravilhoso! Quando estávamos lá, tomávamos o café da manhã bem cedo e já saíamos com o guia para visitar diversos lugares, só voltávamos ao hotel na hora do jantar. À noite, fazíamos reuniões em que havia louvor e um tempo de oração, também comentávamos, à luz da Palavra de Deus, sobre os lugares visitados ao longo do dia.

Mar da Galileia

Eu tinha informação, através da leitura da Bíblia, acerca dos lugares onde fatos citados nas Escrituras Sagradas aconteceram. Mas eu tinha uma grande expectativa para ver e estar nos lugares onde Deus Se manifestou naquele tempo e nos quais Jesus andou. Tive o privilégio de visitar alguns desses locais e, ao mencioná-los, colocarei, na maioria deles, sua respectiva referência bíblica.

Visitei Jope, a cidade de Jonas, aquele que foi engolido pelo grande peixe (cf. Jonas 1-2) e o Monte Carmelo, onde Elias, o profeta de Deus, enfrentou os profetas de Baal (cf. 1 Reis 18.22-46). Na cidade de Nazaré, fui ao Monte do Precipício, onde Jesus foi tentado pelo diabo (cf. Mateus 4.1-11). Fui à Igreja de Canaã, local do primeiro milagre de Jesus, a transformação de água em vinho (cf. João 2.1-11); ao Monte das Bem-Aventuranças, local onde o conhecido "Sermão do Monte" foi realizado (cf. Mateus 5-7); às Colinas de Golã, onde oramos de frente para a Síria, clamando por paz; e à fábrica de azeite Olea.

Naveguei pelo Mar da Galileia, no qual Jesus andou sobre as águas (cf. Mateus 14.22-33), acalmou a tempestade (cf. Mateus 8.23-27) e operou o milagre da pesca maravilhosa (cf. Lucas 5.1-11). Fui ao local onde Jesus realizou a primeira multiplicação dos pães e peixes (cf. Marcos 6.30-44); a Cafarnaum, cidade onde Cristo operou muitos milagres, tais como a cura da sogra de Pedro (cf. Marcos 1.29-31), a cura do servo do centurião (cf. Lucas 7.1-10) e a cura do paralítico levado por seus quatro amigos (cf. Mateus 9.1-8).

Avistei, de longe, Belém, cidade natal de Jesus (cf. Mateus 2.1-12); e a cidade de Jericó, onde aconteceu a queda das muralhas (cf. Josué 6). Conheci o monte da parábola do bom samaritano (cf. Lucas 10.25-37); o estábulo onde Jesus nasceu (cf. Lucas 2.1-7); o rio Jordão, onde Ele foi batizado (cf. Mateus 3.13-17); o Monte Sião: cidade de Deus (cf. Salmos 48) e o lugar da última ceia de Jesus (cf. Mateus 26.17-30). Fui à Via Dolorosa; ao Santo Sepulcro (cf. João 18-19); ao Monte das Oliveiras, onde se localiza o Jardim do Getsêmani (cf. Lucas 22.39-46); à Fortaleza de Massada, local de resistência dos judeus contra o domínio romano e à Ein Gedi, local onde Davi se escondeu da perseguição de Saul (cf. 1 Samuel 23.14-29), onde também há uma grande reserva natural.

Fui também ao Mar Morto; ao Parlamento; ao Sítio arqueológico na Cidade de Davi, com túneis subterrâneos com água; ao Museu do Holocausto e ao Muro das Lamentações.

Todos esses lugares me impressionaram muito, mas alguns deles me marcaram de uma forma especial. Aquela expectativa que mencionei transformava-se em muita emoção a cada lugar que eu visitava. Em certas ocasiões, tinha a lembrança de algumas pregações e momentos especiais.

No Monte do Precipício

Quando estava no local em que Jesus foi tentado pelo diabo, no corpo, na alma e no espírito, lembrei-me de uma vigília, da qual participei há muitos anos, em que, por volta de três horas da manhã, recebemos uma palavra profética, dita pela Dra. Sarah. Através dela, Deus falou: "Desarme o inimigo, diga: 'Está escrito!'. Porque poder há na Palavra de Deus desde o início da criação, quando Deus disse: 'Haja Luz', e houve luz (cf. Gênesis 1.3)".

Tenho experimentado e visto o poder da Palavra de Deus quando tomamos posse das Suas promessas e declaramos o que está escrito com toda fé n'Aquele que disse. O texto bíblico escrito em Mateus 4.1-11 apresenta o posicionamento de Jesus frente à tentação, enfatizando o poder da Palavra através da expressão "está escrito":

> Então, foi conduzido Jesus pelo Espírito ao deserto, para ser tentado pelo diabo. E, tendo jejuado quarenta dias e quarenta noites, depois teve fome; E, chegando-se a ele o tentador, disse: Se tu és o Filho de Deus, manda que estas pedras se tornem em pães. Ele, porém, respondendo, disse: **Está escrito**: Nem só de pão viverá o homem, mas de toda a palavra que sai da boca de Deus. Então o diabo o transportou à Cidade Santa, e colocou-o sobre o pináculo do templo, e disse-lhe: Se tu és o Filho de Deus, lança-te

daqui abaixo; porque está escrito: Aos seus anjos dará ordens a teu respeito, e tomar-te-ão nas mãos, para que nunca tropeces em alguma pedra. Disse-lhe Jesus: Também **está escrito**: Não tentarás o Senhor, teu Deus. Novamente, o transportou o diabo a um monte muito alto; e mostrou-lhe todos os reinos do mundo e a glória deles. E disse-lhe: Tudo isto te darei se, prostrado, me adorares. Então, disse-lhe Jesus: Vai-te, Satanás, porque **está escrito**: Ao Senhor, teu Deus, adorarás e só a ele servirás. Então, o diabo o deixou; e, eis que chegaram os anjos e o serviram. (Mateus 4.1-11 – grifos da autora)

No Jardim do Getsêmani

Em cada lugar por onde passávamos, havia algo marcante. Mas o Jardim do Getsêmani, onde tomamos a Ceia do Senhor, foi um lugar muito especial para mim. Lembrei-me do momento de agonia pelo qual o Senhor Jesus passou, ao ponto de o Seu suor transformar-se em grandes gotas de sangue:

> E apartou-se deles cerca de um tiro de pedra; e, pondo-se de joelhos, orava, dizendo: Pai, se queres, passa de mim este cálice; todavia, não se faça a minha vontade, mas a tua. E apareceu-lhe um anjo do céu, que o confortava. E, posto em agonia, orava mais intensamente. E o seu suor tornou-se em grandes gotas de sangue que corriam até ao chão. (Lucas 22.41-44)

Para mim, esse texto teve um sentido ainda maior naquele lugar, pois, pouco antes, tínhamos passado em uma fábrica de azeite e vimos a enorme prensa que era usada para espremer a azeitona e obter o azeite. A palavra Getsêmani, que tem origem hebraica, originalmente significa "prensa de azeite"[1] e, nesse lugar, cumpriu-se em Jesus o que está escrito em Isaías 53.1-12:

> Quem deu crédito à nossa pregação? E a quem se manifestou o braço do Senhor? Porque foi subindo como renovo perante ele e como raiz de uma terra seca; não tinha parecer nem formosura; e, olhando nós para ele, nenhuma beleza víamos, para que o desejássemos. Era desprezado e o mais indigno entre os homens, homem de dores, experimentado nos trabalhos e, como um de quem os homens escondiam o rosto, era desprezado, e não fizemos dele caso algum. Verdadeiramente, ele tomou sobre si as nossas enfermidades e as nossas dores levou sobre si; e nós o reputamos por aflito, ferido de Deus e oprimido. Mas ele foi ferido pelas nossas transgressões e moído pelas nossas iniquidades; o castigo que nos traz a paz estava sobre ele, e, pelas suas pisaduras, fomos sarados. Todos nós andamos desgarrados como ovelhas; cada um se desviava pelo seu caminho, mas o Senhor fez cair sobre ele a iniquidade de nós todos. Ele foi oprimido, mas não abriu a boca; como um cordeiro, foi levado ao matadouro e, como a ovelha muda perante os seus tosquiadores, ele não abriu a boca. Da opressão e do juízo foi tirado; e quem contará o tempo da sua vida? Porquanto foi cortado da terra dos viventes e pela transgressão do meu povo foi ele atingido. E puseram a sua sepultura com os ímpios e com o rico, na sua morte; porquanto nunca fez injustiça, nem houve engano na sua boca. Todavia, ao Senhor agradou o moê-lo, fazendo-o enfermar; quando a sua alma se puser por expiação do pecado, verá a sua posteridade, prolongará os dias, e o bom prazer do Senhor prosperará na sua mão. O trabalho da sua alma ele verá e ficará satisfeito; com o seu conhecimento, o meu servo, o justo, justificará a muitos, porque as iniquidades deles levará sobre si. Pelo que lhe darei a

---

[1] *GETHSEMANE*. In: STRONG'S exhaustive concordance [1068]. Disponível em *https://biblehub.com/greek/1068.htm*. Acesso em outubro de 2020.

parte de muitos, e, com os poderosos, repartirá ele o despojo; porquanto derramou a sua alma na morte e foi contado com os transgressores; mas ele levou sobre si o pecado de muitos e pelos transgressores intercedeu.

No Jardim do Túmulo de Jesus

Uma grande emoção tomou conta de mim antes mesmo de chegar a esse lugar. Havia uma fila e, por isso, tínhamos de entrar e sair rapidamente. Entrei e disse: "Aqui, Jesus, o Senhor esteve! E que alegria tenho por saber que o Senhor ressuscitou e hoje está vivo". Nesse momento, a presença de Deus se manifestou de uma maneira tão intensa, que parecia que em meu corpo passava uma corrente elétrica, fazendo-me arrepiar. Fiquei ainda mais emocionada ao sentir aquela presença manifesta do Senhor.

Havia lido o texto que relata a grandeza da ressurreição muitas vezes, e gostaria de compartilhá-lo:

> E, no primeiro dia da semana, muito de madrugada, foram elas ao sepulcro, levando as especiarias que tinham preparado. E acharam a pedra do sepulcro removida. E, entrando, não acharam o corpo do Senhor Jesus. E aconteceu que, estando elas perplexas a esse respeito, eis que pararam junto delas dois varões com vestes resplandecentes. E, estando elas muito atemorizadas e abaixando o rosto para o chão, eles lhe disseram: Por que buscais o vivente entre os mortos? Não está aqui, mas ressuscitou. Lembrai-vos como vos falou, estando ainda na Galileia, dizendo: Convém que o Filho do Homem seja entregue nas mãos de homens

pecadores, e seja crucificado, e, ao terceiro dia, ressuscite. E lembraram-se das suas palavras. E, voltando do sepulcro, anunciaram todas essas coisas aos onze e a todos os demais. E eram Maria Madalena, e Joana, e Maria, mãe de Tiago, e as outras que com elas estavam as que diziam estas coisas aos apóstolos. E as suas palavras lhes pareciam como desvario, e não as creram. Pedro, porém, levantando-se, correu ao sepulcro e, abaixando-se, viu só os lenços ali postos; e retirou-se, admirando consigo aquele caso. (Lucas 24.1-12)

Ao passarmos por Bete-Seã, local da morte de Saul e de seus três filhos, lembrei-me imediatamente de uma pregação do Pastor Teófilo, na qual ele falou sobre a importância de terminarmos bem a nossa vida. Saul chegou a ser ungido como o rei de Israel, no entanto, teve um triste fim, por ter se afastado de Deus.

Os filisteus, pois, pelejaram contra Israel; e os homens de Israel fugiram de diante dos filisteus e caíram atravessados na montanha de Gilboa. E os filisteus apertaram com Saul e seus filhos e os filisteus mataram a Jônatas, e a Abinadabe, e a Malquisua, filhos de Saul. E a peleja se agravou contra Saul, e os flecheiros o alcançaram; e muito temeu por causa dos flecheiros. Então, disse Saul ao seu pajem de armas: Arranca a tua espada e atravessa-me com ela, para que, porventura, não venham estes incircuncisos, e me atravessem, e escarneçam de mim. Porém o seu pajem de armas não quis, porque temia muito; então, Saul tomou a espada e se lançou sobre ela. Vendo, pois, o seu pajem de armas que Saul já era morto, também ele se lançou sobre a sua espada e morreu com ele. Assim, faleceu Saul, e seus três filhos, e o seu pajem de armas, e também todos os seus homens morreram juntamente naquele dia. E, vendo os homens de Israel que estavam desta banda do vale e desta banda do Jordão que os homens de Israel fugiram e que Saul e seus filhos estavam mortos, desampararam as cidades e fugiram; e vieram os filisteus e habitaram nelas. Sucedeu, pois, que, vindo os filisteus ao outro dia a despojar os mortos, acharam a Saul e a seus três filhos estirados na montanha de Gilboa. E cortaram-lhe a cabeça, e o despojaram das suas armas, e enviaram pela terra dos filisteus, em redor, a anunciá-lo no templo dos seus ídolos e entre o povo. E puseram as suas armas no templo de Astarote e o seu corpo o afixaram no muro de Bete-Seã. Ouvindo, então, isso os moradores de Jabes-Gileade, o que os filisteus fizeram a Saul, todo homem valoroso se levantou, e caminharam toda a noite, e tiraram o corpo de Saul e os corpos de seus filhos do muro de Bete-Seã, e, vindo a Jabes, os queimaram. E tomaram os seus ossos, e os sepultaram debaixo de um arvoredo, em Jabes, e jejuaram sete dias. (1 Samuel 31.1-13)

Via Dolorosa

Chama-se Via Dolorosa uma rua na cidade velha de Jerusalém, caminho por onde Jesus Cristo passou carregando a cruz desde o momento de Sua condenação até a crucificação.

E, quando o iam levando, tomaram um certo Simão, cireneu, que vinha do campo, e puseram-lhe a cruz às costas, para que a levasse após Jesus. E seguia-o grande multidão de povo e de mulheres, as quais batiam nos peitos e o lamentavam. Porém Jesus, voltando-se para elas, disse: Filhas de Jerusalém, não choreis por mim; chorai, antes, por vós mesmas e por vossos filhos. Porque eis que hão de vir dias em que dirão: Bem-aventuradas as estéreis, e os ventres que não geraram, e os peitos que não amamentaram! Então, começarão a dizer aos montes: Caí sobre nós! E aos outeiros: Cobri-nos! Porque, se ao madeiro verde fazem isso, que se fará ao seco? E também conduziram outros dois, que eram malfeitores, para com ele serem mortos. (Lucas 23.26-32)

São quatorze estações que marcam cada evento ocorrido durante a última caminhada de Jesus, nove dessas encontram-se na Via Dolorosa, e as outras cinco estão dentro do Santo Sepulcro. Esse caminho se trata de ruas estreitas e cheias de lojas, mas, apesar das distrações, minha atenção manteve-se em Jesus Cristo. Enquanto caminhava, ia me lembrando, com muita gratidão, do preço altíssimo que Ele pagou por nós, fazendo-se sacrifício, tomando o nosso lugar. Jesus foi castigado pelo pecado da desobediência de Adão no Jardim do Éden, como está escrito:

> Pilatos, pois, tomou, então, a Jesus e o açoitou. E os soldados, tecendo uma coroa de espinhos, lha puseram sobre a cabeça e lhe vestiram uma veste de púrpura. E diziam: Salve, rei dos judeus! E davam-lhe bofetadas. (João 19.1-3)

Jesus passou por dor física extrema, sem manifestar-Se por palavras. A Bíblia diz que Ele carregou sobre Si o pecado de toda a humanidade, o que causou Sua separação do Pai eterno por um determinado momento. Por isso, Ele exclamou em alta voz: "[...] Eli, Eli, lemá sabactâni, isto é, Deus meu, Deus meu, por que me desamparaste?" (Mateus 27.46).

Lembrava-me do amor imensurável que Jesus demonstrou ao suportar tanta dor, perseverando até o fim por amor a nós. Ao declarar: "Está consumado", Ele estava dizendo que a nossa dívida, causada por nossos pecados, estava completamente paga.

> Estava, pois, ali um vaso cheio de vinagre. E encheram de vinagre uma esponja e, pondo-a num hissopo, lha chegaram à boca. E, quando Jesus tomou o vinagre, disse: Está consumado. E, inclinando a cabeça, entregou o espírito. (João 19.29-30)

Com Sua vida, morte e ressurreição, Jesus nos reconciliou com Deus Pai. Ele colocou à nossa disposição a salvação, ou seja, a vida eterna, conforme a Bíblia explica:

> E a vida eterna é esta: que conheçam a ti só por único Deus verdadeiro e a Jesus Cristo, a quem enviaste. (João 17.3)

> Eu vim para que tenham vida e a tenham em abundância. (João 10.10b)

Quero continuar aprendendo sobre Sua vida e mantendo-me com o olhar fixo em Jesus, vivendo em total dependência da capacitação de Deus. Meu anseio é corresponder ao Seu chamado, cumprir o Seu propósito para minha vida, esperando ouvir do Senhor: "[...] Bem está, servo bom e fiel. Sobre o pouco foste fiel, sobre muito te colocarei; entra no gozo do teu senhor" (Mateus 25.21). Será a minha maior alegria! Que possamos perseverar com Jesus até o fim para vivermos a promessa: "Mas aquele que perseverar até ao fim será salvo" (Mateus 24.13).

Enquanto escrevo, lembro-me da aula de batismo, que ocorreu em 1968, na qual a Kaoru *Sensei*, mãe dos pastores Sarah e João Hayashi, ilustrou a respeito de uma adolescente que tinha grande vergonha de sua mãe, pois ela tinha uma enorme cicatriz de queimadura no rosto. Quando suas amigas a visitavam em sua casa, ela escondia sua mãe no quarto dos fundos a fim de que não fosse vista por elas. E se alguém perguntava quem era aquela mulher, respondia que era a empregada da casa.

Em certo dia, porém, aquela mãe disse à sua filha: sabe por que meu rosto está assim? Num dia, quando você ainda era muito pequena, estava na cozinha, perto do fogão, e, percebendo que a panela de óleo quente iria cair sobre você, corri e a protegi, mas ela caiu sobre o meu rosto. Nesse momento, a filha teve um arrependimento profundo e, a partir de então, passou a reconhecer o sacrifício feito por sua mãe, dando-lhe todo o valor, pois entendera o que a mãe havia feito por ela.

Depois disso, passou a andar de mãos dadas com a mãe e, quando alguém perguntava quem era aquela ao seu lado, dizia com muito orgulho que era sua mãe. Ainda acrescentava: "Sabe por que ela está assim?", e então contava toda a história. Assim, compreendi que quanto mais entendemos o que Jesus fez por nós, mais O valorizamos. Afinal, foi Ele quem nos deu a Sua vida e nos reconciliou com Deus Pai.

Aqueles dias em Israel foram maravilhosos! Ainda hoje, ao ler a Bíblia e ver mencionados alguns desses locais, lembro-me emocionada daquele tempo em que estive ali e de tudo o que aprendi. Mas fico muito mais feliz porque a própria Palavra Viva de Deus, inspirada pelo Espírito Santo, a Bíblia, revela-nos a grandeza do Senhor em qualquer lugar onde estivermos.

Viagem para a Pensilvânia: você precisa de um cavalo

Antes de minha viagem ao Reino Unido, houve um intervalo de tempo em que fiquei aguardando a resposta sobre a bolsa de estudos para o curso de inglês. Foi quando Deus me presenteou com uma passagem para a Pensilvânia, nos Estados Unidos, para ir a uma conferência da igreja da *Sister* Miller. Estive lá por trinta dias, e aquele foi um tempo de muito aprendizado no dia a dia da igreja.

Durante a pregação na conferência, recebi uma palavra profética através da *Sister* Miller, que exerce o ministério apostólico na nossa igreja local. Ela disse: "*You need a horse*" (você precisa de um cavalo). Deus usou a Dra. Sarah, que estava ao meu lado, para trazer a aplicação dessa mensagem para a minha própria vida, dizendo que, para mim, o cavalo seria um carro, que seria muito útil para realizar a obra de Deus.

Na última noite, um grupo de membros da igreja veio me entregar uma surpresa que haviam preparado, e cada pessoa trouxe um presente para mim. Fiquei muito feliz, mas logo pensei: "Como vou levar tudo isso para o Brasil?". Tive de subir na mala para conseguir fechá-la. A Pastora Nancy orou para que eu fosse protegida na viagem de volta, e assim Deus fez.

Voltei para casa superfeliz, vendo a ação de Deus em cada detalhe. Entre tantas bênçãos, a palavra marcante que recebi nessa viagem foi: "*You need a horse*". Como é forte o impacto daquilo que Deus nos fala.

Capítulo 8

O perigo de crer em uma mentira

Durante o processo de emissão da minha carteira de motorista, fiz uma das aulas de direção com um instrutor diferente daquele que estava me acompanhando em todas as demais aulas. E ele disse a seguinte frase: "Eu nunca incentivei alguém a desistir, mas...". Naquele mesmo momento, eu assimilei o resto da frase que ele pretendia dizer, e isso se tornou uma convicção profunda de que eu não seria capaz de dirigir. Eu passei vinte e três anos sem reagir a essa afirmação contrária à minha vida e, consequentemente, sem dirigir. Mesmo enquanto eu dormia e sonhava com a oportunidade de dirigir um carro, havia uma resistência da minha parte.

Apesar de ter recebido uma palavra profética quanto ao uso de um veículo para realizar a obra de Deus, eu continuava não querendo fazer isso, ainda estava paralisada pela crença naquela sentença dita, mesmo que de modo incompleto, pelo instrutor. Tanto é verdade, que eu não conseguia ter motivação para começar a dirigir, não tinha sequer a percepção da grande utilidade de um carro, que poderia me levar a lugares aos quais eu não conseguiria ter acesso sem ele.

Quando voltei da viagem à Pensilvânia, a minha irmã Maria me presenteou com um carro e disse que sentiu da parte de Deus que deveria fazer isso, pois seria algo muito útil para a obra do Senhor. Minha convicção de que era Deus movendo essa situação tornou-se ainda mais forte. Fiquei muito impressionada! Não havia comentado com ela coisa alguma sobre a palavra profética que eu recebera, e ela falou exatamente as palavras que a Dra. Sarah me disse ao personalizar para minha vida a mensagem da *Sister* Miller.

Logo que peguei o carro para dirigir, aquelas palavras do instrutor vieram à minha mente e pensei que não conseguiria. Mas, depois disso, ao ler a Bíblia, fui profundamente tocada pelo que Deus disse: "Eu, o Senhor, a guardo e, a cada momento, a regarei; para que ninguém lhe faça dano, de noite e de dia a guardarei" (Isaías 27.3). Sou imensamente grata a Deus, acima de tudo, e à minha irmã, que foi usada por Ele para dar início a uma grande vitória em minha vida, que foi superar a crença em uma mentira a meu respeito.

Pensando em proteger o carro através de apólice de seguro, busquei um orçamento, mas logo vi que o valor, de tão alto que era, estava fora das minhas possibilidades. Carros daquele fabricante e modelo, na época, estavam entre os mais visados para roubo. Contudo, foi nesse momento que aquela palavra que havia recebido de Deus, encontrada no livro de Isaías, apresentou-se aos meus olhos como se eu a estivesse lendo através de uma superpoderosa lupa. Então entendi, claramente, sem sombra de dúvida, que Deus estava confirmando a Sua Palavra a mim.

Imediatamente cri e confiei na promessa de Deus e, finalmente, comecei a dirigir depois de vinte e três anos com a carteira de habilitação guardada e sem apólice de seguro. Lembro-me de que ia dirigindo e cantando com muita alegria o que Deus me inspirava: "Meu seguro é Jesus! Fonte de proteção para mim. É d'Ele que vem a minha segurança. Pois Ele é o meu Deus!". E, assim, Deus me capacitava a dirigir e me guardava de todos os perigos. Eu estava escoltada pelos anjos do Senhor!

Capítulo 9

A voz de Deus é poderosa

Dai ao Senhor, ó filhos dos poderosos, dai ao Senhor glória e força. Dai ao Senhor a glória devida ao seu nome; adorai o Senhor na beleza da sua santidade. A voz do Senhor ouve-se sobre as águas; o Deus da glória troveja; o Senhor está sobre as muitas águas. A voz do Senhor é Poderosa; a voz do Senhor é cheia de majestade. A voz do Senhor quebra os cedros; sim, o Senhor quebra os cedros do Líbano. Ele os faz saltar como a um bezerro; ao Líbano e Siriom, como novos unicórnios. A voz do Senhor separa as labaredas do fogo. A voz do Senhor faz tremer o deserto; o

Senhor faz tremer o deserto de Cades. A voz do Senhor faz parir as cervas e desnuda as brenhas. E no seu templo cada um diz: Glória! O Senhor se assentou sobre o dilúvio; o Senhor se assenta como Rei perpetuamente. O Senhor dará força ao seu povo; o Senhor abençoará o seu povo com paz. (Salmos 29.1-11)

Ouvindo Jesus através de um sonho

Todas as vezes em que lembro o quanto minha mãe estava feliz quando partiu para a eternidade com Jesus, sinto grande alegria. Antes de seu encontro com Ele, ela dizia que todos os caminhos levavam a Deus. Mas um dia ela sonhou que estava em um caminho muito escuro, sem enxergar nada e totalmente perdida. Não sabia sequer o caminho de volta para casa. Estava cansada, ofegante, carregando uma mochila muito pesada, então sentou-se em uma pedra e clamou a Deus dizendo: "Mostra-me o caminho!". Minha mãe nos contava com muita alegria que, logo após aquele seu pedido, uma mão – que ela afirmou com convicção ser a mão de Jesus – surgiu apontando para uma luz, que foi se intensificando cada vez mais. E viu uma casa em cujo topo havia uma cruz. Então ouviu de Jesus: "Eu sou o caminho".

Naquele momento, minha mãe recebeu a revelação e entendimento sobre a Palavra viva escrita em João 14.6 na qual Jesus diz: "Eu sou o caminho, e a verdade, e a vida. Ninguém vem ao Pai senão por mim". Seu verdadeiro encontro com Jesus a fez prosseguir firmando n'Ele a sua fé; foi batizada nas águas fazendo uma aliança eterna com Jesus Cristo, e desde então sua vida mudou completamente.

Algum tempo depois, minha mãe ouviu, no idioma japonês, uma voz audível que disse: "Eu estou contigo". Aconteceu exatamente quando estava internada na UTI e sentia medo por estar sozinha. Foi algo tão real, que ela procurou com os olhos algum homem japonês por perto, mas não havia, então entendeu claramente que era a voz de Deus, assim como está escrito em Isaías 41.10: "Não temas, porque eu sou contigo; não te assombres, porque eu sou o teu Deus; eu te esforço, e te ajudo, e te sustento com a destra da minha justiça".

Certo dia, enquanto eu lia o capítulo vinte e três de Salmos, ela me interrompeu depois de ouvir o versículo quatro: "Ainda que andasse pelo vale da sombra da morte, não temeria mal algum, porque tu estás comigo; a tua vara e o teu cajado me consolam", e disse: "Eu ouvi, com esse ouvido, a voz de Deus falar comigo esse versículo nessa noite".

A voz de Deus, mais uma vez, fez-se presente na vida da minha mãe através de uma visão do texto: "[...] a nossa pátria está nos céus [...]" (Filipenses 3.20 – ARA). Ela teve essa visão enquanto olhava para o teto da UTI, em uma das suas internações. O texto escrito em japonês aparecia numa letra grande, em preto, numa tinta especial e em relevo. Ela foi tão impactada que, a partir daquela revelação, serviu fielmente a Deus até o fim, totalmente focada na eternidade com toda alegria.

No momento em que estava entrando na UTI pela última vez, minha mãe disse à minha irmã Tereza que tinha sido a mulher mais feliz do Brasil por ter conhecido a Jesus. Ela também disse: "Eu já estou indo ao Céu com Jesus; agora vamos nos encontrar lá. Você também persevere com Jesus até o fim, para que possamos nos encontrar também". Ficamos sabendo posteriormente que, uns quinze minutos antes de sua partida para a eternidade, ela demonstrava muita paz ao dizer a uma senhora, que passou no quarto dela, que não tinha medo de morrer porque iria para o Céu com Jesus.

Ainda me lembro da minha mãe com saudades, mas sei que nos encontraremos, e isso me traz descanso, muita alegria e força. Minha mãe perseverou com sua fé no Senhor mesmo tendo passado por vinte e duas internações, que meu pai fez questão de mencionar, fazendo cumprir em sua vida o que está escrito em Mateus 24.13: "Mas aquele que perseverar até o fim será salvo".

Jesus Cristo é o meu maior presente

Fico muito emocionada e muito grata todas as vezes em que ouço a voz do Senhor, mas houve um dia muito especial em que Sua doce voz se manifestou com palavras que vieram exatamente ao encontro da necessidade da minha alma.

Ainda jovem, encontrei uma colega dos tempos de escola que não via há muitos anos. Ela me apresentou sua família e comentou sobre os seus filhos. Durante nossa conversa, ao saber que eu ainda era solteira, ela reagiu de uma maneira que me fez sentir muito desprezada.

Voltei para casa muito triste e, no chuveiro, chorando, ouvi de Deus: "Não temas, tu não serás envergonhada". Fiquei impactada e muito emocionada, pois sabia que Deus estava falando comigo. No dia seguinte, lendo a Bíblia como eu sempre fazia, senti o Espírito Santo me direcionando para que lesse o capítulo cinquenta e quatro de Isaías. Hoje eu conheço o conteúdo do capítulo, mas na época não sabia. E meus olhos fixaram-se na primeira parte do versículo quatro, quando li: "Não temas, porque não serás envergonhada". Comecei a chorar de alegria. Fiquei assim por aproximadamente uma hora, sentindo-me consolada, pois Deus estava confirmando o que Ele havia me dito na noite anterior.

No final daquela semana, fui à igreja e, ao encontrar a *Sister Ann*, esposa do Pastor Jack Schisler, que estavam conosco naquele dia, ela me entregou um presente. Era um anel muito especial e junto havia um texto com palavras lindas confirmando o que Deus havia falado. Fiquei muito emocionada ao sentir o amor de Deus.

Pouco dias depois, estávamos em um retiro de Páscoa, louvando e adorando a Deus. Quando, de repente, o Pastor João, que não sabia nada do que eu estava passando, dirigiu a mim uma palavra profética: "E tu, filha Rosa, não temas, porque tu não serás envergonhada". Várias outras coisas também foram ditas a mim naquele momento, mas essa sentença foi repetida no meio e no fim daquela mensagem profética. Fiquei muito impactada novamente e senti uma grande alegria do Senhor, inexplicável em palavras.

Depois disso, nasceu um desejo especial de querer fazer parte do grupo dos eunucos. Qual foi a minha surpresa ao ler o capítulo dezenove de Mateus, quando meus olhos fixaram-se no versículo doze, que diz: "Porque há eunucos que assim nasceram do ventre da mãe; e há eunucos que foram castrados pelos homens; e há eunucos que se castraram a si mesmos por causa do Reino dos céus. Quem pode receber isso, que o receba". Com alegria, entendi que eu poderia fazer essa escolha, e assim aconteceu. Fiz esse voto em 1992, com toda a convicção e determinação. Nesse dia, Deus usou a liderança da igreja enviando três palavras proféticas, que me trouxeram confirmação da parte de Deus sobre a decisão que eu havia tomado.

Até hoje sinto-me muito feliz, satisfeita e completamente realizada. Realmente é Jesus quem me completa, e pela graça de Deus nunca me sinto sozinha, nem mesmo sei o que é solidão. Mesmo morando sozinha e cozinhando só para mim, preparo com prazer alimentação saudável, e o dia passa rápido com tantas coisas a fazer. É uma grande honra e alegria servir a Deus.

Tudo que fizermos durante nossas vidas inteiras é ainda muito pouco diante do que Jesus fez por nós. Que gratidão profunda eu tenho por Jesus Cristo, que nos deu Sua vida pagando um preço altíssimo para que pudéssemos ter vida em abundância, como está escrito em João 10.10b: "Eu vim para que tenham vida e a tenham com abundância".

Jesus Cristo é o meu maior tesouro e o meu maior presente!

Capítulo 10

O caminho conduzido por Deus

Eu e minha família morávamos no interior de Marília, no sítio Fazenda Paulista, onde meu pai tinha uma plantação de café. Lá havia uma escola que atendia as famílias daquela região, onde, aos domingos, os pastores Seiiti e Osae Shimizu e os pastores Taissuke e Eiko Sakuma, juntos ao casal Saito, vinham ministrar a Palavra de Deus com muita dedicação.

Meus pais permitiam que fôssemos às reuniões bíblicas, e isso foi a melhor coisa que aconteceu em minha vida. Eu era pequena, com aproximadamente seis anos de idade, e me lembro que ouvia algumas histórias da Bíblia, pintava alguns desenhos referentes à lição dada, e isso ficou marcado em mim. Sou imensamente grata à vida deles por semearem a Palavra de Deus em meu coração, o que até hoje tem sido a minha maior riqueza. Minhas irmãs, que eram mais velhas que eu, participavam de outra classe e já podiam ir à reunião especial que acontecia em Marília, onde quem ministrava era o Rev. Hiroyuki Hayashi, pai dos pastores Sarah e João Hayashi.

Quando eu tinha quase onze anos de idade, eu e minha família viemos morar em São Paulo, mas minhas irmãs Maria e Tereza vieram antes e já estavam frequentando a Igreja Metodista Livre, cujos pastores eram Hiroyuki e Kaoru Hayashi. Depois de pouco tempo, comecei também a frequentar aquela igreja, participando do grupo dos adolescentes, chamado "Intermediários", e mais tarde passei para o grupo da "Mocidade", ambos liderados pela Pastora Sarah Hayashi.

Passados alguns anos, houve um grande avivamento nesse grupo de jovens, com o derramar do Espírito Santo, e no dia 11 de agosto de 1974, recebi o batismo do Espírito Santo. Que alegria imensa transbordava do meu coração!

Como trabalhávamos aos domingos na mercearia do meu pai, eu e minhas irmãs fazíamos um revezamento para irmos à igreja. Esperava com ansiedade pela minha vez. Aos sábados à noite, havia o curso "Entendendo a Deus", ministrado pela Dra. Sarah Hayashi. Eu me lembro como esperava com grande expectativa por aquele dia! Diariamente ficava contando os dias, e quando chegava o sábado, eu contava as horas. E que alegria eu sentia quando chegava a hora de ir ao curso! Eu pegava a Bíblia, o caderno e dois lenços, pois chorava muito de alegria na presença do Senhor.

Ao voltar da reunião, ficava inconformada, pois já havia acabado o tempo pelo qual eu esperara a semana toda. Então, eu passava a limpo toda a aula, pois o primeiro curso, "Entendendo a Deus", havia sido ditado. Eu copiava todas as passagens bíblicas mencionadas no estudo e decorava um ou dois versículos a cada aula.

Para continuarmos livres nos movendo de acordo com o derramamento do Espírito Santo, exercitando os dons e experiências sobrenaturais, a Dra. Sarah foi aconselhada por seu pai a abrir uma nova igreja. E no dia 7 de julho de 1977 foi estabelecida oficialmente a Igreja Monte Sião, que teve seu nome alterado para Zion Church em 2020.

Antes de decidirmos ir para essa nova igreja, fomos orientados a buscar em Deus a confirmação da Sua vontade. Eu me lembro que busquei intensamente durante uma semana, e Deus me confirmou claramente, sem sombra de dúvida, através de um sonho profético. No sonho, eu via duas igrejas, uma delas era uma casa com cadeiras cor de ferrugem que formavam um círculo, e quem estava ministrando era a Dra. Sarah Hayashi, e eu estava naquele círculo. A outra tinha formato de igreja, exatamente como era a Igreja Metodista Livre, com todos os detalhes, mas eu não me via lá.

Logo depois de ter tido esse sonho, visitamos uma igreja, na qual o pastor veio falar comigo e disse: "Você teve um sonho profético". Vi que era Deus falando comigo através daquele pastor, e isso confirmou ainda mais qual era o meu lugar. A igreja alugou a primeira casa da Rua Fernandes Coelho, em Pinheiros, e quando cheguei lá, para minha grande surpresa, o local era exatamente igual ao do sonho que Deus havia me dado, em detalhes, até as cadeiras eram cor de ferrugem. Que poderoso Deus servimos!

Capítulo 11

Meu chamado para a capelania hospitalar

Em 1990, comecei a fazer visitas a enfermos, porque senti da parte de Deus a direção de acompanhar uma voluntária da igreja que havia começado a visitar um hospital perto de sua casa em Santana. Uma vez por semana, visitávamos vários quartos, conforme Deus nos conduzia. Depois de algum tempo, começamos a fazer esse mesmo trabalho em um hospital bem mais longe, em Santa Isabel, onde visitávamos pacientes aos quais o Espírito Santo nos indicava, e procurávamos especialmente aqueles que não recebiam visitas de familiares ou amigos. Também havia o senhor Manuel, um cadeirante, que era paciente naquele hospital e nos ajudava indicando as vidas mais necessitadas.

Permaneci fazendo visitas junto àquela voluntária por um período, depois comecei a realizá-las em companhia de outras pessoas da igreja local, ao mesmo tempo em que Deus ia confirmando esse chamado em minha vida com várias palavras e visões proféticas, que logo se cumpriram, pois comecei a receber solicitações de membros da igreja para que eu visitasse outros membros, seus familiares, amigos e conhecidos, que estavam hospitalizados.

Durante aquele período, recebi umas vinte confirmações de Deus, especialmente por meio da liderança local e também de muitas outras pessoas, trazendo-me cada vez mais a convicção de que, sem dúvida, aquele era o meu chamado, a vontade de Deus para minha vida. Isso também se confirmava pela paz e alegria que sentia, e ainda sinto, e pela direção que recebi através da Palavra.

Durante muitos anos, eu atuei na capelania e em outras áreas da igreja ao mesmo tempo, por isso não conseguia me dedicar em tempo integral à Capelania Hospitalar. Em 2015, no retiro de Páscoa que aconteceu em Itu – em um local chamado Cesareia de Filipe –, houve uma dinâmica em grupo liderada pelo Pastor César. Em determinado momento, foi lançada a pergunta: "Qual é o seu sonho?". Então, cada um escreveu seu sonho sem mencionar o próprio nome. Os papéis foram distribuídos e cada participante tinha de identificar a quem pertencia aquele sonho escrito. Quando a pessoa era identificada, todos oravam por ela e por seu sonho. Nesse dia, escrevi que o meu sonho era ter mais tempo disponível para me dedicar ao Ministério de Capelania Hospitalar.

A partir do ano seguinte, Deus concedeu a realização desse sonho e comecei a dedicar mais tempo às visitas aos hospitais, indo a vários locais, conforme as direções e prioridades de Deus. Desde então, tenho sempre procurado ir com alguém da equipe de capelania, com o propósito de passar o que tenho aprendido de Deus para eles e formar os discípulos de Jesus que tenham chamado para Capelania Hospitalar.

Durante todo aquele tempo, eu não registrava as visitas nem os testemunhos das coisas lindas que Deus fazia, mas um dia Deus trouxe a revelação de que o testemunho de Jesus é o espírito de profecia (cf. Apocalipse 19.10b), e isso trouxe uma mudança na minha maneira de pensar, e, por isso, passei a fazer os registros das visitas. Em 2018 e 2019, a equipe de capelania fez aproximadamente quinhentos atendimentos em cada ano, dos quais muitas vidas se entregaram a Jesus. Houve muitas reconciliações e liberações de perdão. Foram muitas experiências lindas, como: vidas consoladas, pessoas que receberam o amor de Deus, além de curas físicas, emocionais e espirituais.

Capítulo 12

Grande é o amor de Deus

Tenho visto, com muita frequência, a grandeza e a bondade do amor de Deus manifestando-se na salvação de muitas pessoas nos últimos momentos de suas vidas. Entre essas inúmeras histórias, algumas me impactaram profundamente.

> Porque isto é bom e agradável diante de Deus, nosso Salvador, que quer que todos os homens se salvem e venham ao conhecimento da verdade. Porque há um só Deus e um só mediador entre Deus e os homens, Jesus Cristo, homem. (1 Timóteo 2.3-5)

Temos visitado pessoas em UTIs que já estão numa condição em que não conseguem falar, por isso muitas vezes comunicam-se piscando seus olhos, apertando a mão ou através de algum outro gesto, como expressão facial, lágrimas, por exemplo. Também há aqueles que estão impossibilitados de manifestar qualquer reação por estarem em coma, sedados ou por outros motivos, mas, mesmo assim, oramos crendo que Deus sempre está fazendo algo.

O encontro no tempo certo

Em uma visita que fizemos a pedido da família, fomos ao hospital orar por um paciente em estado terminal. Ela estava em isolamento por causa de uma infecção, já com paralisação dos rins, causada pela rejeição a um transplante de medula. Deus nos levou ali no momento certo, pois conseguimos chegar alguns minutos antes de a levarem à UTI.

Com muita convicção, ela entregou sua vida a Jesus Cristo, e seus pais, que estavam presentes no momento da oração, também foram muito tocados. Nesse mesmo dia, soube que a pessoa faleceu. No dia seguinte ao velório, no momento em que estávamos compartilhando a Palavra de Deus, o que se deu pouco tempo antes do sepultamento, a mãe dela interrompeu nossa fala para dar testemunho de como tinha sido importante o que havia acontecido com sua filha no dia anterior. Naquele momento, houve grande consolação aos que estavam ali presentes, e Deus foi glorificado naquele ambiente.

Uma direção divina

Certo dia, uma pessoa da igreja estava na sala de aula quando a professora contou que sua irmã havia sido hospitalizada em estado grave. Então, a aluna comentou a respeito da capelania da igreja e perguntou se ela gostaria que alguém da equipe fosse visitar a irmã dela. A professora aceitou prontamente a proposta e a visita foi agendada sem demora.

Mesmo sem saber o horário da visita, procurei alguém da equipe para ir comigo. A previsão era chegarmos às vinte horas, pois iríamos de ônibus e entraríamos como visita religiosa de capelania. Contudo, o marido da pessoa que iria me acompanhar sentiu da parte de Deus que deveria ir junto, levando-nos em seu carro para chegarmos mais rápido ao hospital. Depois ele nos contou o que ouviu de Deus naquele momento. Chegamos ao hospital às 18h55 e, na recepção, disseram-nos que não seria mais possível a nossa entrada, pois o horário de visita era até as dezenove horas. Insisti para que nos deixassem entrar, só para fazer uma oração. Graças a Deus, a nossa entrada foi liberada e, literalmente, corremos, pois só faltavam cinco minutos para o encerramento do tempo de visitas.

Encontramos a pessoa já passando muito mal. Só tivemos tempo de fazer uma oração rápida e a pessoa entregou sua vida a Jesus. Imediatamente após ter feito essa oração, ela começou a vomitar e os médicos foram chamados com urgência e, então, pediram-nos para sair rapidamente. Em poucos minutos, os médicos saíram e deram a notícia de que fizeram tudo o que podiam, mas ela não resistira. Ficamos por um tempo juntos à família e amigos que os acompanhavam, proporcionando-lhes o consolo de Deus naquele momento tão difícil.

Ao retornarmos, estávamos impressionados com o que Deus havia feito. Foi nesse momento que o marido da pessoa que nos acompanhou nos contou o que ouvira da parte de Deus: "Vá com elas, porque hoje ela – a pessoa a ser visitada – estará no Paraíso". Ficamos muito emocionados ao percebermos o grande amor de Deus.

Entendendo a voz de Deus

Houve uma outra oportunidade, em que uma pessoa, membro da igreja, pediu para que eu fosse ao hospital fazer uma visita a um conhecido dela. A esposa daquele paciente nos autorizou a fazer uma oração, porém disse: "Podem fazer a oração, mas saibam que ele não está entendendo mais nada". Ao entrar no quarto, vi que ele estava sentado com a cabeça caída sobre o travesseiro que estava sobre uma mesa. Orei apresentando-lhe o plano da salvação, crendo que ele estava ouvindo e compreendendo. Ao terminar, fomos surpreendidos, pois ele levantou a cabeça e disse que entendeu tudo. Depois, orou junto, repetindo a oração que dizíamos, e entregou sua vida a Jesus Cristo. No dia seguinte, soubemos que ele havia partido com Jesus.

Uma ideia criativa

Lembro-me também de uma vez em que uma pessoa da igreja me pediu para que eu fosse visitar a sua irmã, que não estava passando bem em casa. Como sempre faço antes de cada visita, eu havia orado pedindo a Deus que nos guiasse com toda a direção do Espírito Santo. Ao chegar à casa dela, encontrei toda a família da paciente esperando na sala. Cumprimentei a todos e, ao ouvir os sons emitidos pela pessoa que estava enferma, pensei: "Meu Deus! Como agir agora?", pois eu não conseguia entender palavra alguma. Absolutamente nada do que ela tentava falar eu compreendia.

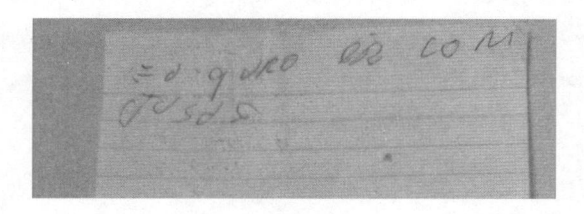

Perguntei à família se alguém estava entendendo o que ela queria dizer, mas todos disseram que não conseguiam. Naquele momento, recebi a direção de Deus e pedi ao marido dela que providenciasse uma folha de papel e uma caneta, e então pedi para que ela escrevesse o que estava tentando dizer. Ela escreveu: "Eu quero ir com Jesus". A irmã dela esclareceu que ela estava afastada de Jesus, e então entendi a razão de ela ter escrito aquela frase. Orei com ela, ajudando-a a reconciliar-se com Jesus Cristo. Na semana seguinte, ela partiu com Jesus, conforme era o seu desejo.

No velório, a família pediu-me para trazer uma Palavra de Deus e fazer uma oração. Peguei, então, a folha em que ela havia escrito e falei, entre outras coisas, sobre aquela visita na casa dela e seu último desejo, que era ir com Jesus. E assim aconteceu um momento marcante para aquela família.

Que imensa grandeza e profundidade há no amor de Deus, assim como está escrito na Bíblia:

Porque Deus amou o mundo de tal maneira que deu o seu Filho unigênito, para que todo aquele que nele crê não pereça, mas tenha a vida eterna. (João 3.16)

Para que, segundo as riquezas da sua glória, vos conceda que sejais corroborados com poder pelo seu Espírito no homem interior; para que Cristo habite, pela fé, no vosso coração; a fim de, estando arraigados e fundados em amor, poderdes perfeitamente compreender, com todos os santos, qual seja a largura, e o comprimento, e a altura, e a profundidade e conhecer o amor de Cristo, que excede todo entendimento, para que sejais cheios de toda a plenitude de Deus. (Efésios 3.16-19)

Capítulo 13

Encontros inesperados nas visitas de capelania

Quando nos dirigimos a hospitais para visitar alguém especificamente, muitas vezes Deus nos surpreende com encontros inesperados – seja no ônibus, no metrô, no trajeto de carro, na entrada ou saída do hospital, na fila, enquanto aguardamos a chamada, ou mesmo nos corredores e elevadores. Esses encontros, às vezes, envolvem pacientes que estão compartilhando o mesmo quarto com aquelas a quem estamos visitando; outras vezes, são os familiares e até acompanhantes. Mesmo os funcionários, sejam eles enfermeiros, pessoas que trabalham na recepção etc., frequentemente abrem seus corações, pedindo orações pelas situações que estão passando. A ação de Deus é maravilhosa em cada um desses encontros e, entre tantos, alguns foram marcantes, e aqui compartilharemos.

Deus faz infinitamente mais!

Certo dia, eu estava no elevador de um hospital e vi uma senhora em cuja roupa havia uma etiqueta de acompanhante. Perguntei a quem ela estava acompanhando e ela compartilhou que seu marido já tinha amputado uma das pernas e iria amputar a outra. Senti da parte de Deus que eu deveria orar por aquela situação e logo perguntei se ela gostaria que eu fosse ao quarto visitá-los. Prontamente, ela concordou indicando o número do quarto em que ele estava.

Depois das visitas programadas, fui ao quarto deles. Tivemos um encontro de uma hora e foi muito emocionante. Ao final, o casal entregou suas vidas a Jesus Cristo, chorando de alegria. Ela compartilhou que nunca havia sentido alegria maior que aquela em toda sua vida. A equipe médica já havia decidido que, na semana seguinte, iria fazer a amputação da outra perna, mas, depois desse encontro, Deus agiu naquela situação e a equipe médica resolveu fazer um outro tratamento, um enxerto no local em que estava havendo problema de cicatrização.

Durante os três meses em que ficaram no hospital, pudemos visitá-los semanalmente e tivemos momentos muito bons juntos. Graças a Deus, o tratamento foi um sucesso! Ele teve alta e ambos voltaram felizes para casa, pois não foi necessária a amputação e saíram levando Jesus no coração e o propósito de congregar em uma igreja ao lado da casa deles, onde já conheciam o pastor. Como

Deus nos surpreende sempre! "Ora, àquele que é poderoso para fazer tudo muito mais abundantemente além daquilo que pedimos ou pensamos, segundo o poder que em nós opera" (Efésios 3.20).

"Clame a Mim", diz o Senhor

Em outra ocasião, estávamos passando pelo corredor de um hospital, após termos encerrado uma visita programada, quando sentimos a direção de Deus para irmos ao encontro de uma senhora que estava em uma maca no meio de tantas outras pessoas. Chegando perto dela, observamos que estava vomitando muito, e soubemos que se encontrava assim já havia três dias. Conversamos com ela, oramos e percebemos que ela se sentiu muito amada por Deus. Com muita alegria, ela relatou que estava pedindo que Deus enviasse um anjo. Entendemos que Deus estava nos usando como resposta de oração daquela pessoa. Glória a Deus!

Coincidência de Jesus

Lembro-me também de uma senhora que conheci na fila de entrada do hospital no horário de visitação. Ela me contou que seu filho estava internado por causa de um grave acidente, no qual ele foi parar embaixo de um carro. Quando a entrada foi liberada, nossa equipe seguiu para a enfermaria, onde estava a pessoa a quem nos programamos visitar. Ela estava aguardando a cirurgia que faria por causa de uma fratura em seu braço.

Durante a oração, percebemos que aquela mesma senhora que encontramos na fila também estava naquela enfermaria e participava da nossa oração. Em seguida, com surpresa, soubemos que o filho dela estava na cama ao lado da pessoa a quem visitávamos e também estava aguardando uma cirurgia. Oramos por aquele rapaz e ele entregou sua vida a Jesus, enquanto sua mãe chorava dizendo: "Meu filho, quanto tempo passei de joelhos, intercedendo por você!". Foi grande a alegria que Deus nos proporcionou naquele dia.

Ainda naquela enfermaria, um senhor cadeirante aproximou-se de nós dizendo que também gostaria de receber oração e compartilhou toda a sua história. Ouvimos o que ele tinha a dizer e oramos por sua vida.

Estávamos maravilhados com tudo o que o Senhor tinha feito. Mas, para Deus, ainda não era suficiente... Havia algo mais a fazer! Ele providenciou nosso encontro com uma senhora que estava cheia de amargura, porque seu marido havia causado um acidente. Conversamos com ela, ensinamos e ministramos sobre perdão da maneira que a Bíblia nos ensina. Ao final, ela conseguiu liberar perdão ao seu marido. Foi uma tarde maravilhosa, pois vimos a impressionante ação de Deus!

Mais vidas entregues a Jesus

Durante nossas visitas de capelania aos hospitais, muitas vezes percebemos Deus agindo em favor das vidas através de Sua presença naqueles locais, e somos muito gratos por isso. Lágrimas, dores e perdas podem ser oportunidades para Deus. Foi assim durante mais uma visita que fizemos a uma pessoa que estava na UTI. Ao observar uma senhora que chorava muito, nós nos aproximamos dela para orar e trazer-lhe as consolações de Deus. Então, ela nos contou que no dia anterior havia acontecido o sepultamento de sua irmã, e agora sua mãe estava na UTI.

Após conversarmos com aquela senhora, seguimos para a nossa visita programada e pudemos conduzir a oração em que a pessoa a quem visitávamos entregara sua vida a Jesus. Foi algo muito lindo. Ela não conseguia falar, mas, ao fazermos a oração, ela confirmava sua concordância através de apertos de mão. Impressionante é o senso de urgência que há no amor de Deus. Soubemos, depois, que aquela visita havia acontecido no momento certo, pois, logo em seguida, a pessoa entrou em coma.

Ao nos dirigirmos à saída, aquela senhora que estava chorando quando a encontramos ao entrar no hospital nos chamou e apresentou sua mãe, que estava internada ali. Aproveitamos os pouquíssimos minutos – um tempo curto, porém de qualidade – e, guiados por Deus, pudemos ser instrumentos do Senhor para aquelas pessoas, pois tiveram um encontro com Jesus. Foi maravilhoso ver o semblante delas totalmente carregado da alegria de Deus, aquela alegria que ninguém pode tirar! Glórias ao nosso Deus!

Um encontro só não era suficiente

Em certo dia, conversando com uma pessoa na saída de um hospital, ela nos contou que acabara de visitar uma amiga. No dia seguinte, encontramos novamente essa pessoa dentro do ônibus e, nessa oportunidade, ela contou que sua amiga foi internada com uma infecção urinária que progrediu para uma infecção no sangue, e agora havia o risco de que a bactéria chegasse ao coração. Ela apresentava febre já havia seis dias. Compreendi que aqueles dois encontros não eram um acaso, e sim uma indicação da parte de Deus de que deveríamos visitar a amiga dela, o que fizemos. Durante a oração, um membro da equipe de capelania, que me acompanhava naquela visita, teve uma visão em que Deus tocava a pessoa que estava recebendo a oração.

Posteriormente, fomos informados de que, depois de três dias, o quadro reverteu e ela teve alta. Passados alguns dias, fui a outro hospital e me dirigi à recepção para obter algumas informações. Com grande surpresa, aquela pessoa se identificou dizendo que se lembrava de mim, pois eu havia orado por ela no hospital durante sua internação. Ficamos muito alegres por aquele encontro. Entendi que o nosso Deus me concedeu a alegria de vê-la totalmente curada, trabalhando normalmente e dando-me, mais uma vez, a oportunidade de glorificar o Seu nome.

Capítulo 14

Capelania e treinamento

Desde junho de 2018, tenho participado do trabalho de capelania, que acontece no hospital de um município da Grande São Paulo. Lá, sou voluntária atuando uma vez por semana, fazendo visitas e, ao mesmo tempo, treinando outras pessoas.

Em cada semana, Deus nos tem surpreendido, mesmo nos encontros em que só temos poucos minutos para levar o amor, o consolo e a Palavra aos pacientes, de acordo com as necessidades de cada um. Muitas vezes, o Senhor tem nos direcionado a atender algumas pessoas enquanto andamos pelos corredores, elevadores ou mesmo durante nossa entrada ou saída do hospital.

Visitamos os pacientes a partir da determinação do capelão responsável, que indica o local, podendo ser enfermaria, emergência, UTI ou quartos. Sempre em dupla, passamos pelos leitos conforme Deus nos dirige e, na maioria das vezes, não reencontramos os pacientes por quem já oramos em dias anteriores. Por isso, não é sempre que temos informações sobre eles. Exceto algumas vezes, quando, em conversas na sala de capelania, outra dupla que visitou os mesmos pacientes que nós, dando continuidade às orações, informa-nos acerca de algo e, assim, nós nos alegramos ao saber de alguns que evoluíram muito bem em seus respectivos tratamentos. É como o apóstolo Paulo disse: "Eu plantei, Apolo regou; mas Deus deu o crescimento. [...] Porque nós somos cooperadores de Deus" (1 Coríntios 3.6-9a).

Certo dia, andando pelo corredor, senti da parte de Deus que deveria conversar com um senhor, e, na conversa, ele me contou que estava ali para remarcar uma cirurgia que havia sido agendada em outro hospital e, por um problema, não pôde ser realizada e foi cancelada quando ele já estava lá. Então, oramos pela situação que ele nos apresentou e por sua saúde. Nesse momento, aquele senhor teve um encontro lindo com Jesus Cristo e, muito emocionado, disse: "Certamente, foi por isso que a cirurgia não deu certo antes! Foi para que eu estivesse aqui e tivesse esse encontro com Deus. Muitas vezes, ouço falar que Deus foi ao encontro de pessoas. Foi Deus que enviou vocês aqui. Eu estava pedindo a Ele que enviasse alguém". Foi muito edificante ouvir esse testemunho, confirmando a ação do Senhor. É um privilégio sermos usados por Ele como instrumentos em Suas mãos.

Em um outro momento, entramos em um quarto, e um senhor estava desesperado, chorando, pois tinha acabado de saber que iria para a UTI. Mas ele não havia entendido que sua ida para a UTI devia-se somente à necessidade de fazer exames pré-operatórios, pois seria transferido para outro hospital, onde havia surgido vaga para fazer a cirurgia que ele precisava. Durante a conversa, ele sentiu o amor de Deus, de forma que apresentamos o plano da salvação e ele teve um encontro com Jesus Cristo, dizendo: "Agora Jesus Cristo está no meu coração". E sua esposa confirmou: "Vocês vieram na hora certa". Eles entenderam que Deus havia providenciado esse nosso encontro e ficaram muito contentes.

Certa vez, aconteceu de encontrarmos, em uma enfermaria, um jovem que havia fraturado as costelas numa queda, e tivemos a oportunidade de visitá-lo mais duas vezes enquanto ele aguardava vaga em um outro hospital para fazer uma cirurgia. Ao sabermos que seria transferido para aquele hospital, oramos por sua vida, sua cirurgia e sua recuperação. Na semana seguinte, nós o encontramos, e ele nos contou que, depois de ser examinado lá, chegaram à conclusão de que não precisaria mais passar por cirurgia, e o enviaram de volta ao hospital no qual esteve anteriormente somente para receber alta. Com certeza, Deus operou uma cura sobrenatural, e nós nos alegramos muito com a ação do Senhor!

Em um outro dia, já no horário de término das visitas, senti da parte de Deus que eu deveria atender mais uma pessoa, e então entrei em um quarto. Era um paciente que tinha passado por cirurgia após uma tentativa de suicídio ao se jogar do décimo andar de um prédio. Ele foi muito tocado por Deus durante a nossa oração e reconciliou-se com Jesus de uma maneira muito emocionante. Contou-nos que tinha ouvido uma voz que o impeliu a pular do prédio para resolver toda sua situação, mas que agora entendia que aquela não era a voz de Deus. Ele também disse que voltaria a frequentar a igreja onde sua esposa já congregava.

Lembro-me ainda de um momento em que eu estava emocionalmente abalada por uma situação e, em meu pensamento, disse a Deus que naquele dia eu não estava preparada para fazer visitas. Mas, no mesmo instante, senti da parte do Senhor uma direção de que eu deveria ir, porque Ele é que iria fazer a obra.

Muito rapidamente, me arrumei e saí rumo ao hospital. Durante o trajeto do primeiro ônibus que entrei, ouvi uma jovem que, falando ao celular, combinava o preço de uma consulta médica e informava que não estava passando bem. Naquele momento, creio que Deus começou a fazer a obra que prometeu, pois senti a direção d'Ele para orar por aquela jovem, mesmo sabendo que eu iria descer duas paradas à frente.

Assim que ela desligou o telefone, perguntei se poderia fazer uma oração, e ela prontamente concordou, logo colocou a mão no rosto e abaixou a cabeça. Ao final da oração, pude ver que seus olhos estavam cheios de lágrimas. Creio que Deus tocou aquela vida de um modo especial e inesquecível.

Ao descer do ônibus, encontrei um senhor que era cliente da mercearia do meu pai, e nós nos reconhecemos, mesmo depois de trinta e cinco anos sem nos vermos. Ele estava já bem idoso, debilitado e numa cadeira de rodas. Pude orar por ele e foi muito tocado por Deus. Ele teve um encontro lindo com Jesus Cristo e foi tomado de alegria.

Chegando ao hospital, percebi que só havia duas pessoas da equipe de capelania naquele horário. O capelão indicou para que fôssemos visitar os leitos da ala da emergência, que fica do lado esquerdo, diferentemente do que costumávamos fazer, pois ele sempre nos dirigia para o lado direito. Ao encontrarmos uma senhora, Deus fez algo muito maravilhoso. Ela estava com insuficiência respiratória, de máscara, e o Senhor fez um milagre. Ao final do nosso encontro, ela começou a dar o seu testemunho, muito emocionada pela alegria. Então anotei as suas palavras à medida que ela foi relatando. Ela disse:

Hoje foi um dia muito especial. Eu estava pedindo que Deus enviasse alguém para fazer uma oração. Eu estava triste por não poder ver meu neto, que está completando um mês de vida, mas Deus me presenteou com esta visita inesperada, que alegrou meu coração.

Eu estava com muita dificuldade para respirar quando vocês chegaram. Enquanto oravam, Deus tirou algo de dentro de mim, que estava causando a falta de ar. Mesmo tomando calmante, eu não conseguia respirar nem me acalmar. Deus fez um milagre instantaneamente. Agora estou leve, flutuando e feliz da vida pelo presente que Ele me enviou, estou respirando normalmente e sem máscara.

Hoje também foi um dia muito especial, porque Jesus Cristo veio fazer morada no meu coração. Muito obrigada, Jesus, porque o Senhor estará comigo até o último minuto da minha vida. Te amo, Jesus! Eu queria agora sair desta cama, pulando e gritando de alegria, dizendo: "Obrigada, Jesus! Tu és maravilhoso!".

Ela finalizou aquele momento chorando de alegria e dizendo: "Vamos dar um aplauso para Jesus!", e nós também choramos aplaudindo, porque a alegria do Senhor era muito grande! Voltei para casa maravilhada com aquele dia, agradecendo a Deus porque realmente é Ele quem faz a obra. Deus seja para sempre louvado!

Em outro dia de visita, estava orando para Deus nos levar aos quartos e pacientes certos. Ao entrar no elevador, encontrei uma senhora que acompanhava sua filha, que já estava passando pela quinta cirurgia por causa de um acidente de moto. Confirmei com o capelão se poderíamos visitar o andar onde ficava o quarto dela, e ele consentiu. Ao chegarmos naquele quarto, Deus gerou em nós uma compaixão, que se estendeu a todos os quartos que visitamos e se manifestou nas orações com palavras de encorajamento, gratidão e vitória, focadas em Jesus. Tivemos um tempo muito frutífero.

Ao atendermos outra paciente nesse mesmo quarto, que estava com um tumor no cérebro, apresentamos o plano da salvação, e ela teve o Novo Nascimento de uma maneira emocionante, com lágrimas de alegria. Saímos impactadas, e Deus continuou realizando encontros com as pessoas certas. Foi maravilhoso!

Depois disso, o capelão pediu para atendermos, ainda naquele andar, mais uma pessoa que havia pedido oração. Era uma senhora que, durante nossa conversa, abriu seu coração, contando-nos que tinha estado muito doente por seis meses e, apesar da melhora, sentia necessidade de oração. Ela também relatou que estava afastada de Jesus e que entendia aquele momento como uma oportunidade que Deus havia preparado para ela se reconciliar com Cristo. Ela disse que pretendia retornar do hospital e passar a frequentar a igreja perto de sua casa.

Naquele mesmo dia, Deus nos surpreendeu em cada uma das sete visitas que fizemos. Como é maravilhoso o nosso Deus! Ele faz infinitamente mais além do que pedimos ou pensamos!

No dia seguinte, o Espírito Santo levou-me a orar por aquelas sete vidas com uma compaixão gerada por Ele. Assim que terminei a oração, ainda com lágrimas nos olhos, recebi uma mensagem em meu celular, em que constava apenas Salmos 126.5-6: "Os que semeiam em lágrimas segarão com alegria. Aquele que leva a preciosa semente, andando e chorando, voltará, sem dúvida, com alegria, trazendo consigo os seus molhos". Ao ler a Palavra de Deus, meu coração encheu-se mais ainda de alegria. Como é lindo o nosso Senhor!

PARTE 2

TESTEMUNHOS DE PESSOAS ATENDIDAS E DE INTEGRANTES DA CAPELANIA

TESTEMUNHOS DE SALVAÇÃO NO TEMPO DE DEUS

Capítulo 15

Ana Maria de Souza Turini

❝ Minha irmã estava internada após uma cirurgia no estômago e parecia estar se recuperando bem, até que, de repente, começou a vomitar sangue em grande quantidade e sem parar. Diante desse quadro, a minha maior preocupação era o fato de que ela ainda não havia entregado sua vida a Jesus.

Nesse momento, pedi a uma amiga que estava ao meu lado para que chamasse, com urgência, a Pastora Rosa, do Ministério de Capelania, para fazer uma oração com minha irmã, de modo que ela teria a oportunidade de ter um encontro com Jesus Cristo. Naquela noite, minha irmã estava passando por um procedimento de endoscopia, e não permitiram a entrada de visitas. Mas meus familiares estavam reunidos na recepção e pudemos orar juntos.

No dia seguinte, foi possível a visita da Pastora Rosa, e minha irmã teve o Novo Nascimento, um encontro lindo com Jesus. Isso aconteceu no momento certo de Deus. Ela chorava sem parar de tanta alegria, dizendo que era outra pessoa e que nunca tinha se sentido tão bem.

Foi um presente lindo que Deus preparou, pois, na semana seguinte, ela já partiu para estar eternamente com Jesus. Hoje, tenho uma imensa gratidão a Deus, e também alegria e descanso por saber que ela está com o Senhor. Como o nosso Deus é maravilhoso!

Testemunho contado por Ana Maria de Souza Turini

Capítulo 16

Andreia Gil

❝ Antes de contar sobre o momento mais marcante que vivi com Deus, que se deu junto com meu pai, quando ele estava na UTI, gostaria de compartilhar sobre uma experiência com o Senhor que me preparou para a vida. Foi quando eu tive a certeza de que Ele me acompanharia o tempo todo e de que tudo está em Suas mãos.

Por muitos anos, eu costumava passear na praia ao entardecer, pois acreditava que o Senhor passeava comigo, e era nesses momentos que tínhamos nossas conversas. Era nessas caminhadas, à beira-mar, que eu contava a Ele tudo o que estava acontecendo comigo. Às vezes, chorava, outras vezes, ria, cantava, ou orava em línguas, e então eu parava para escutá-lO. Apesar de crer que Deus estava realmente presente ali comigo, eventualmente eu me perguntava se não era algo da minha cabeça.

Então, na ocasião de um retiro de jovens da Zion Church, aconteceu algo maravilhoso. O nome de cada participante foi colocado em uma folha de papel e fixado à parede. Qualquer um dos participantes que tivesse alguma palavra de Deus para entregar a alguém deveria escrever em uma daquelas folhas fixadas à parede. No último dia, peguei o papel com o meu nome e estava escrito algo mais ou menos assim: "Jesus ama caminhar com você na areia da praia e lhe contar os Seus segredos!". Naquele momento, tive a confirmação de que era ali, na praia, que eu deveria continuar a me encontrar com Ele. A minha felicidade foi tão grande que não cabia em mim!

Anos depois, houve um certo dia em que eu estava em casa, numa tarde de domingo e, particularmente naquele dia, estava me sentindo muito triste e angustiada. Sem dúvida em meu coração, entrei no meu carro e peguei a estrada para a praia, só para poder caminhar na areia e ter uma daquelas conversas profundas com Deus. Naquela tarde, lembro que eu chorava muito e dizia a Ele que eu me sentia sem valor, que me sentia um nada. Depois de me esvaziar em Sua presença, e, dessa vez, sem ouvir nada da parte d'Ele, resolvi voltar para casa. Mas, antes de pegar a estrada, decidi comprar algo para comer em uma feira na avenida da praia.

Após comprar um salgado, e já indo embora daquele lugar, vi uma pessoa mexendo no lixo. Naquele momento, resolvi dar algum dinheiro a ela e fiz como sempre fazia quando dava alguma coisa a alguém, para que a pessoa sentisse o amor e o cuidado de Deus: disse a ela que Jesus havia me mandado lhe entregar aquele dinheiro. Então, ela me falou que estava muito feliz, pois eu tinha sido a resposta da oração que ela havia feito antes de sair para mexer nos lixos; contou que morava em um lixão e trabalhava em uma cooperativa de catadores, e estava tão triste e desesperançada com a vida, que antes de sair ajoelhou-se e orou a Deus dizendo que, se Ele a ouvisse, então, que lhe enviasse um "vaso" d'Ele naquela noite para falar com ela.

Ao ouvir aquilo, falei para ela do quanto Deus a amava e de como Ele a ouvira, pois enviou-me de São Paulo até lá só para encontrá-la. Então, eu a abracei, e algo inexplicável aconteceu: por mais que ela aparentasse estar toda suja, por morar em um lixão, eu sentia um cheiro bem suave de rosas nela. Até hoje fico pensando sobre o porquê de sentir aquele cheiro.

Eu lhe ofereci algo para comer, e começamos a conversar. Ela me contou que, no passado, frequentava uma igreja, mas aconteceram várias coisas, ela acabou perdendo tudo o que tinha e passou a não mais congregar lá. Eu a encorajei a voltar e lhe falei do amor de Deus. Enquanto conversávamos, lembrei-me de que eu tinha na minha bolsa todo o dinheiro reservado para meus gastos até o fim do mês, e senti muita vontade de entregar tudo a ela. Eu pensava: no próximo mês, receberei salário de novo, posso até passar esse mês com certa dificuldade, mas e quanto a ela? Quem iria parar para falar com ela de novo e lhe dar algum dinheiro? Quanto lixo ela deveria coletar para receber o dinheiro que eu tinha comigo?

Assim, resolvi entregar tudo a ela, que se encheu de alegria e me agradeceu muito; nós nos abraçamos e nos despedimos. Ela começou a caminhar para ir embora, e eu já estava entrando no carro, quando ela voltou correndo e dizendo: "Andreia! Andreia! Eu tenho uma música para você!". E ela cantou: "Quero que valorize o que você tem, você é um ser, você é alguém tão importante para Deus. Nada de ficar sofrendo angústia e dor, nesse seu complexo inferior, dizendo, às vezes, que não é ninguém. Eu venho falar do valor que você tem. Ah! Eu venho falar do valor que você tem [...]".[1] Meu Deus! Naquele momento, eu entrei em choque! Ela não sabia que, horas atrás, eu estava chorando na praia dizendo para Deus que me sentia sem valor!

Voltei para casa muito feliz, porque eu sabia que tinha vivido algo sobrenatural de Deus. Mas a história não acaba aí, você se lembra que eu havia dado tudo o que eu tinha para ela e fiquei zerada de dinheiro para usar ao longo do mês? Na manhã seguinte, logo que cheguei à empresa, minha líder me chamou e disse que estava muito feliz com meu trabalho e, por esse motivo, estava premiando-me com um dinheiro, que já até estava na minha conta bancária! O valor que eu tinha recebido correspondia a trinta vezes o valor que eu havia dado no dia anterior para aquela mulher na praia.

Naquele momento, eu entendi que Deus era provedor em minha vida. Em todos os sentidos, soube que Ele cuidava de tudo e Se importava comigo de maneira profunda. Eu pensei que estava ajudando uma pessoa, mas, ao final, eu fui ajudada de uma forma linda e inesquecível.

---

[1] MOVER do Espírito. Intérprete: Ludmila Ferber. Compositor: Armando Filho. *In*: CANTAREI para sempre. Compositor: Ludmila Ferber. Rio de Janeiro: Kairós Music, 2008. 1 disco sonoro, faixa 4.

Deus também me amparou e sustentou durante o tempo de enfermidade que meu pai atravessou antes do seu falecimento. Naquela época, eu trabalhava em uma empresa que gostava muito, e as coisas estavam indo muito bem para mim. Mas, "do nada", começaram a acontecer diversas injustiças e situações que culminaram em minha saída de lá. Eu fiquei muito chateada, porque eu gostava daquela empresa, e me perguntava por que aquilo tudo tinha acontecido.

Eu não tinha respostas ainda! Mas, depois, compreendi que Deus estava permitindo que eu tivesse essa disponibilidade para que pudesse cuidar do meu pai em tempo integral, levando-o às consultas, exames e cirurgias, comprando remédios, roupas e comida, enfim, ajudando-o em tudo o que ele precisava. Ele me dizia que eu era o anjo dele. Eu sabia, em meu coração, que Deus estava conosco. Então, meu pai e eu lutamos até o final, fizemos o que os médicos recomendavam e tudo o que era possível para ajudá-lo.

No dia quatro de junho de 2019, meu pai foi internado na UTI para tratar uma alergia ao medicamento oral da quimioterapia; e essa condição aparentemente teria cura. Entrei em contato com o Ministério de Capelania, e muito me impressionou a prontidão com que atenderam meu pedido, pois, no dia seguinte, o segundo dia de internação, a Pastora Rosa e o Thiago foram visitá-lo, e aconteceu algo muito lindo. Mesmo com dificuldade para falar, ele pedia para repetir as orações; liberou perdão e entregou sua vida para Jesus, vivenciando o Novo Nascimento, de uma forma alegre e convicta. Percebi, depois, que aquele momento tinha sido o tempo certo de Deus, porque ele estava muito lúcido.

No terceiro dia, levei minha avó ao hospital e a deixei um tempo com ele. Quando ela estava indo embora, eu lhe disse:

"Vó, volte lá e dê um beijão nele!". E assim ela fez. Nós não sabíamos, mas era o último dia de sua lucidez; e aquela foi a última oportunidade que ela teve para estar com ele. Eu me lembro que estava muito preocupada, pois eu tenho uma irmã que mora nos Estados Unidos, e temíamos dar a notícia a ela, pois não sabíamos como ela iria reagir estando tão longe. Houve muito preparo e oração por esse momento, e Deus me fez discernir a hora e o modo certos para falar com ela. Logo que minha avó se despediu de meu pai, eu senti que talvez aquela pudesse ser a única oportunidade que minha irmã teria para falar com ele, então orei e liguei para ela.

No quinto dia, recebemos novamente a visita da equipe de capelania, e foi num momento muito importante, pois ele ainda conseguia entender tudo, e pudemos fazer a última oração com ele. No sexto dia, eu cheguei para visitá-lo, e a médica disse que, pela sua experiência em UTI, o meu pai só estava esperando por mais um encontro comigo para então partir. Fui ao seu leito, falei o quanto eu o amava, o quanto ele era amado em nossa família e como eu tinha orgulho dele como meu pai. Disse que ele foi o melhor pai que eu poderia ter, um herói, e que ele iria para um lugar lindo que Jesus tinha preparado para ele, e que, um dia, iríamos nos reencontrar e eu lhe daria um abraço muito apertado! Enquanto eu ia dizendo essas palavras, ele se foi para morar com Jesus.

Eu agradeço muito a Deus pela oportunidade de estar ao lado do meu pai no momento de sua partida. Eu vi a bondade do Senhor, que esteve em todo o processo junto a mim. E eu, que acreditava não ser forte em momentos difíceis, fui revestida de coragem, paz, força e serenidade, tendo a certeza de que Deus estava no controle de tudo.

Durante todo aquele tempo, o Ministério de Capelania esteve presente em minha vida por meio de orações, visitas e orientação.

Sou muita grata a Deus pela existência desse ministério, pois, através dele, pude sentir a bondade do Senhor. Assim, naquele momento, um grande desejo de um dia fazer parte desse ministério foi despertado em mim, pois gostaria de ajudar pessoas levando o amor de Deus a elas, assim como fizeram comigo.

Agora, você se lembra do meu emprego que perdi? Tão logo esse processo terminou, eu consegui um trabalho melhor do que o anterior, porque a missão que Deus tinha me destinado a realizar naquele lugar já estava cumprida, e era tempo de recomeço em minha vida! Existe um tempo certo para todas as coisas! Durante todo o período em que estive cuidando do meu pai, eu não me preocupava com a falta de recursos, pois aquela experiência que tinha tido na praia me dava a convicção de que Ele estava cuidando de tudo. No último dia de lucidez de meu pai, pude comemorar com ele a minha aprovação no novo emprego, e nos alegramos bastante.

Minha mensagem para você é a de que, se olharmos atentamente e estivermos sensíveis, podemos perceber claramente a mão de Deus conduzindo nossas vidas, colocando-nos em contato, estrategicamente, com as pessoas certas. Podemos sentir Sua misericórdia, cuidado, direção e proteção. Em qualquer situação, seja ela boa ou muito difícil, o Senhor sempre está conosco, porque foi isso que Ele nos prometeu! Quão magnífica e profunda é a fidelidade do nosso Deus!

Testemunho contado por Andreia Gil

Capítulo 17

Luciana Bernardo

❝ Em 2016, meu pai foi diagnosticado com câncer no pulmão. Foi uma jornada bem difícil, mas Deus Se fez presente em todo momento. A visita que recebi da equipe de capelania foi especial e marcante, pois apresentaram o Evangelho da salvação ao meu pai, que o recebeu com o coração aberto. Ele aceitou Jesus como seu Salvador, e o meu tio, irmão dele, que estava afastado, reconciliou-se com Cristo.

E a história não terminou por aí. Ao atravessar os corredores, passamos por um casal, que chamou a nossa atenção. A senhora estava com um dreno e não falava, apenas chorava. Impondo as mãos sobre ela, começamos a orar. A senhora enferma pegou a mão da Pastora Rosa, enquanto ela orava, e a colocou em seu estômago. À medida que a oração continuava, o Espírito Santo nos orientou a declarar cura sobre aquela enfermidade. O esposo daquela senhora, que, no início, apenas observava, começou a falar dos sintomas dela, e que os médicos não tinham dado um diagnóstico ainda.

No dia seguinte, encontrei o casal no mesmo lugar, porém a senhora já estava com um semblante melhor e pediu para que voltássemos lá. Então nós retornamos, continuando a crer que Deus faria um milagre. Esperávamos com fé no Senhor. No terceiro dia, a senhora já não estava mais lá, havia recebido alta, para a glória de Deus! Ele fez e faz grandes coisas! Aleluia!

Ainda tem mais: meses depois, eu estava conversando com os meus sobrinhos, Miqueias, de oito anos, e Isadora, de seis anos, e começamos a falar a respeito do medo da morte. Minha sobrinha me surpreendeu quando falou que não precisávamos ter medo da morte, porque temos Jesus. Fiquei surpresa, pois ela se lembrou da mensagem pregada e da oração feita no velório do meu pai. Naquele momento tão triste e de perda, minha sobrinha, com apenas seis anos de idade, prestou atenção e reteve a Palavra de Deus em seu coração. Uau! Deus é bom o tempo todo!

Testemunho contado por Luciana Bernardo

Capítulo 18

Ronaldo e Solange Almeida

❝ Minha mãe sempre se preocupava com os outros, esquecendo-se de si mesma. Um dia, em 2018, enquanto aguardava a consulta do meu pai, ela passou muito mal e, depois, soubemos que aquele episódio tinha sido um infarto.

Após alguns dias de sua internação, pedi ajuda à equipe da capelania para que fossem fazer uma oração por ela, e um membro da equipe foi ao hospital. Naquele dia, ela não conseguia falar por causa da máscara de oxigênio que utilizava, mas estava cem por cento consciente, ouvia tudo e respondia através de sinais. Enquanto ouvia o Plano da Salvação, respondeu apertando a minha mão. Esse foi o último momento de lucidez da minha mãe, fazendo-nos entender que aquela visita aconteceu no momento certo, nem um minuto antes ou depois.

Ela entregou completamente sua vida a Jesus Cristo, aceitando-O como seu Senhor e Salvador. Naquele mesmo dia, enquanto retornava da visita, recebi uma ligação, através da qual fui informado de que tiveram de intubá-la. Depois de quase três semanas, ela faleceu.

Hoje sinto saudades da minha mãe, mas o que me consola e me fortalece é saber que ela está com Jesus Cristo, no Paraíso. Eu senti e sinto o grande amor de Deus, porque Ele permitiu que minha mãe fosse alcançada no momento certo. Eu e minha esposa somos muito gratos a Ele por estar sempre presente em todos os momentos das nossas vidas. Amamos e glorificamos ao nosso Deus!

Testemunho contado por Ronaldo Almeida

TESTEMUNHOS DE PESSOAS ATENDIDAS PELA CAPELANIA

Capítulo 19

Alcides Gardão Martins e Nadyr Lupi Martins

❝ Alcides, meu marido, fraturou o dedinho do pé em 2016. Mas, só depois de um ano, ficou sabendo disso, por apresentar dores que não passavam. Seu dedo havia cicatrizado de forma errada e, com o processo de inflamação, acabou sendo necrosado. Por essa razão, teve de ser amputado.

A cicatrização da cirurgia não ocorreu de maneira satisfatória e, novamente, aconteceu um processo de necrose. Com o desbridamento, isto é, a limpeza do local, um grande buraco em seu pé acabou sendo formado, e ele não cicatrizava devido à falta de circulação de sangue na perna. E a pior parte foi quando a equipe médica nos informou de que havia o risco de amputação de toda a perna.

Foi nesse momento que recebemos a visita da equipe de capelania no hospital, e Deus começou a trazer mudanças à situação. Tudo começou com a liberação de perdão, pois meu marido guardava em seu coração grandes mágoas. Assim que ele obedeceu ao que a Bíblia diz sobre perdão, tudo começou a mudar.

Durante a oração, Deus nos direcionou a declarar Romanos 4.17: "[...] Deus, o qual vivifica os mortos e chama as coisas que não são como se já fossem", e assim chamamos à existência a formação de novos tecidos e peles. E começamos a cantar: "Mãos ensanguentadas de Jesus [...] Vem tocar em mim!".[1] Foi nesse momento que uma das pessoas da equipe de capelania teve uma visão espiritual, na qual um anjo entrava com uma seringa grande e injetava um líquido branco no local da ferida de meu marido. Assim, depois de poucos dias, a circulação de sangue na perna dele voltou a acontecer, e ele recebeu alta. Com muita alegria, voltamos para casa sem precisar amputar a perna dele.

Deus começou a mudar a história do Alcides: o processo de cicatrização foi iniciado enquanto fazíamos os curativos em casa. Novos tecidos e peles foram sendo formados e o buraco em sua perna, que estava bem grande, de modo milagroso, foi completamente fechado. Foi algo sobrenatural feito por Deus!

Depois disso, o Senhor continuou Sua história de milagres em nossa família, agora em minha vida. Fui diagnosticada com câncer no apêndice em 2018, e não podia fazer quimioterapia porque apresentava baixa imunidade. A situação evoluiu para metástases no peritônio.

Uma das pessoas da equipe de capelania mora perto de nossa casa e passou a nos visitar e fazer orações com frequência. Em uma

---

[1] MÃOS ensanguentadas de Jesus. Intérprete: Luiz de Carvalho. Compositor desconhecido. In: ALVO mais que a neve. Compositor: Luiz de Carvalho. São Paulo: Bom pastor, 1978. 1 disco vinil.

das visitas, foi declarado, durante a oração, para que se secassem as metástases. Depois de fazer exames específicos dessa área, passei por uma consulta com o médico que me acompanhava e, ao ver o resultado, ele disse: "Parabéns! Está tudo ótimo! As metástases se secaram!". Tive novamente uma grande alegria, pois, mais uma vez, pude ver a mão de Deus operando em minha vida!

Hoje, passados três anos, estamos bem e queremos dar nossos testemunhos para engrandecer a Deus, Aquele que realizou esses milagres. Glórias a Ele!

Testemunho contado por Nadyr Lupi Martins

Capítulo 20

Ana Yomogida

" Em 2018, eu estive internada no CTI por causa de um problema que se deu no período pós-cirúrgico de uma simpatectomia. Era uma cirurgia muito simples, tratava-se da retirada de uma glândula que não funcionava. A previsão era de que eu teria alta já no dia seguinte, mas não foi bem assim. Quando o efeito da anestesia passou, eu não conseguia mais respirar normalmente, nem mesmo falar.

Era uma situação muito delicada, pois meu pulmão estava com fissuras e com dificuldades de funcionamento, eu sentia muitas dores. A saturação do oxigênio em meu sangue estava baixíssima e, por isso, precisei utilizar equipamentos para respirar.

Nessa situação tão difícil, recebi a visita da equipe de capelania. Fizeram orações por mim e declararam a Palavra de Deus sobre a minha vida, assim como cura e restauração da minha respiração e de todo o meu corpo. Senti-me invadida por uma grande alegria, mesmo naquele momento de dores. E, pela bondade e amor de Deus, meu corpo começou a reagir. Três dias depois, recebi alta e voltei para casa. Foi um milagre do Senhor!

Ao longo desses acontecimentos, ocorreu um episódio, que não posso deixar de compartilhar. Só de me lembrar disso, eu fico emocionada. A pessoa que me visitou e orou por minha vida e saúde deixou comigo um livrinho de meditação com mensagens diárias. Isso me deixou muito feliz.

Eu estava compartilhando o quarto com uma outra paciente e, em certo momento, ouvi-a chorando. Nessa hora, eu já conseguia falar e, com ajuda, podia me levantar da cama. Perguntei o que estava acontecendo e ela me disse que se sentia sozinha, dolorida e triste. Então, tive a oportunidade de trazer palavras de consolo e esperança a ela. Pude orar por sua vida e disse que Jesus Cristo a amava muito.

Depois de receber alta, senti da parte de Deus uma vontade de dar àquela moça o livro que eu havia ganhado. Quando o entreguei, ela começou a chorar, dizendo que nunca tinha se sentido cuidada de verdade, especialmente por alguém que jamais a tinha visto antes. Disse que já não se sentia sozinha, mas amada. Ela chorou tanto, que as enfermeiras vieram ver o que estava acontecendo. Isso, porque a situação dela ainda inspirava muitos cuidados. Mas, no momento em que recebi alta, milagrosamente, ela disse que já se sentia melhor em relação às dores e que estava alegre.

Quanta bondade de Deus aconteceu naquele hospital. Aleluia! Glórias ao nosso Deus!

Testemunho contado por Ana Yomogida

Capítulo 21

Barbara Franco

❝ Em novembro de 2018, passei por uma cirurgia de remoção da vesícula. Antes disso, havia passado o ano com um mal-estar e me alimentado mal, porém, demorei para fazer os exames que o médico havia solicitado. Isso, por conta da velha e conhecida procrastinação! Quando levei o resultado do exame para o médico, ele me informou que eu teria de fazer a cirurgia o quanto antes e, em menos de vinte dias, já estava no centro cirúrgico.

O Ministério de Capelania se fez presente naquele dia apesar da chuva intensa que caía sobre a cidade. Estavam intercedendo e levando o amor e o cuidado de Deus a mim após a cirurgia. Foi uma experiência nova para mim. Eu havia acabado de entrar no grupo de capelania, de modo que só conhecia a parte de fazer as visitas aos outros, e não a de receber a visita. Naquele momento, realmente senti o quanto a compaixão e o amor de Deus pelas vidas fazem a diferença, e é justamente o que move esse ministério.

Após a cirurgia, celebramos o livramento dado por Deus e Seu cuidado para comigo, pois tive conhecimento de como minha situação era arriscada. O médico evitou fazer alarde, mas, depois da cirurgia, disse que estava surpreso e sem entender como eu nunca havia tido crise alguma ou dor, e como minha vesícula não havia se rompido devido à quantidade de pedras ali: eram mais de quarenta pedras de tamanho médio. Isso foi um verdadeiro milagre de Deus, Ele guardou a minha vida, que estava em uma situação tão arriscada, e eu nem sabia. Deus é sempre bom!

Depois de experimentar esse milagre, meu coração se encheu de gratidão, de modo que fui levada a um novo nível de relacionamento com o Pai Celestial. Em todos os momentos desse processo, Ele mostrou-Se presente, fiel e amoroso. Tive uma nova compreensão de que o milagre é, de fato, apenas uma extensão do relacionamento que cultivamos com Deus.

Testemunho contado por Barbara Franco

Capítulo 22

Cristiane Almeida

Cura de minha mãe

❝ A minha mãe sempre teve uma ótima saúde, mas, de repente, durante uma noite, ela passou muito mal, nada permanecia em seu estômago e ela não conseguia comer ou beber. Por isso, teve de ser internada e, por dezenove dias, os médicos não conseguiram obter um diagnóstico. Mesmo com diversos exames feitos diariamente, não eram capazes de saber a causa do problema que ela apresentava. Com essa incerteza, a família sempre esteve em unidade e confiante em Deus, esperando que ela voltaria ao normal para participar de suas atividades regulares.

Recebemos a visita do Ministério de Capelania e, durante a oração, pedimos a Deus uma direção aos médicos e uma intervenção divina para uma cura sobrenatural. No dia seguinte, os médicos trouxeram o diagnóstico: houve um Microacidente Vascular Cerebral (AVC), que atingiu o nervo responsável pela digestão e, por isso, ela não conseguia comer nem beber coisa alguma.

Depois de uma semana recebendo o tratamento correto, ela teve alta do hospital, e sua alimentação já estava quase normalizada. Pouco tempo depois, já estava comendo de tudo, sem restringir-se a dieta alguma. Após a alta, a equipe médica que estava cuidando dela falou que não se podia explicar como o nervo havia voltado a funcionar, e que isso só poderia ter sido um milagre de Deus. Também ouvimos isso de uma outra médica, que disse que, pelos seus conhecimentos, o que houve foi um grande milagre.

Eu e minha família somos muito gratos a Deus por tudo o que aconteceu. Nós nos sentimos muito amados por Ele e podemos afirmar que, com esses acontecimentos, nossa fé aumentou. Temos certeza de que tudo o que ocorreu foi por conta do cuidado e da proteção d'Ele. Glorificado seja o Senhor por todas as bênçãos e milagres que temos recebido!

O nascimento de Sarah

Assim que comecei a sentir muitas contrações, já tive certeza de que meu trabalho de parto estava se iniciando. Isso aconteceu em uma quarta-feira, dia vinte e cinco de setembro de 2019, no período da tarde. Deus nos direcionou para o hospital-maternidade certo e também preparou uma equipe médica maravilhosa para cuidar de mim. Eles demonstravam amor e carinho em todos os momentos, parecia até que já me conheciam, o que era muito impressionante.

Fiquei em trabalho de parto por mais de vinte e quatro horas, e minha princesa nasceu à 1h56 do dia vinte e sete de setembro, porém ela não chorou, como seria saudável e esperado. Eu estava supercansada, e tentava assimilar o que estava acontecendo com ela, mas não conseguia. Graças a Deus, meu esposo estava no quarto, e eu sabia que ele acompanhava os procedimentos pelos quais ela estava passando.

Minha expectativa era amamentar minha filha em sua primeira hora de vida, mas ela foi levada para a UTI por apresentar insuficiência respiratória. Eu também fui para a UTI, pois, ao longo desse período de vinte e quatro horas, houve certos momentos em que meus batimentos cardíacos subiram muito; nenhum dos médicos entendia o motivo disso, já que eu nunca tinha apresentado esse quadro antes. Eu e minha filha estávamos na UTI, passando por momentos difíceis, mas Deus esteve cuidando de tudo.

Graças a Ele, fiquei internada na UTI apenas por umas quinze horas e logo fui liberada para voltar ao quarto. Contudo, minha filha permaneceu lá por mais alguns dias. Sua respiração melhorou, mas detectaram a quebra de sua clavícula, sendo necessário imobilizá-la e, por isso, não tive alta hospitalar no prazo convencional para partos normais.

Algum tempo depois, eu tive alta, porém minha filha teve de permanecer no hospital; parecia que meu coração ia estourar, meu consolo era ouvir o choro dela nas visitas que fazia, e as palavras que Deus colocava na boca do meu esposo. Eu conversava com Deus e Lhe perguntava como Ele tinha suportado ver Jesus na cruz. Eu estava sofrendo por estar longe de minha filha, mas sabia que ela estava sendo bem cuidada. Deus, no entanto, sabia que Jesus iria sofrer e morrer e, mesmo assim, nos amou ao ponto de permitir que Ele desse sua vida por nós, como está escrito em João 3.16: "Porque Deus amou o mundo de tal maneira que deu o seu Filho unigênito, para que todo aquele que nele crê não pereça, mas tenha a vida eterna".

Agradeço imensamente a Deus por todo o cuidado que Ele teve para conosco, pela vida do meu esposo e por todas as pessoas que Ele colocou em nossas vidas naquele momento tão difícil. Sou muito grata ao Senhor por todos que foram nos visitar naquele período, inclusive o Ministério de Capelania. Com cada pessoa que chegava, eu sentia o abraço, o cuidado e o carinho de Jesus.

Deus é maravilhoso!

Testemunhos contados por Cristiane Almeida

Capítulo 23

Cristiano Reis e Vanessa M. L. Pereira Reis

❝ Nosso filho, Cristian Mercado Reis, estava muito bem, brincando normalmente. Até que, de repente, comecei a notar manchas roxas e vermelhas pelo corpo dele. Fiquei assustada e procurei a pediatra, que me orientou a ir a um pronto-socorro para fazer exame de sangue e, assim, verificar o que havia. Fiz isso na manhã seguinte, depois de levar minha filha à escola.

Depois que os exames de sangue foram feitos, fomos surpreendidos ao saber que a contagem de plaquetas no sangue de nosso filho era de apenas 1.000/mm3, sendo que o mínimo de plaquetas necessárias são 150.000/mm3. Ele estava com menos de um por cento da quantidade mínima de plaquetas no sangue. Foi encaminhado direto para a UTI e ficou em observação ali, onde foram realizados muitos outros exames para investigar a razão de haver uma quantidade tão baixa de plaquetas. Naquele momento, senti como se o chão tivesse sumido debaixo dos meus pés e me apeguei a Deus. Foi Ele quem me segurou pela mão e deu-me a paz que excede todo entendimento, assim fiquei firme, crendo na cura do nosso filho.

Fomos abençoados com visitas de mulheres do ministério infantil e da capelania, todas cheias do amor e da presença de Deus.

Oramos juntas pelo Cristian e também pelos outros enfermos que estavam naquela UTI. Foi muito reconfortante para nós ter esse apoio de membros da nossa igreja!

De acordo com as investigações dos médicos a respeito do diagnóstico do Cristian, havia a suspeita de se tratar de Leucemia. Mas, pela graça de Deus, essa possibilidade foi descartada após a verificação de alguns exames! O diagnóstico revelou que ele tinha PTI (púrpura), sendo que as causas dessa doença são múltiplas.

Sua primeira internação durou doze dias e, depois de um mês, passou mais cinco dias internado. Ao longo de todo esse processo, estávamos sempre confiantes em Deus, crendo que Ele traria cura e logo haveria um aumento na quantidade de plaquetas no sangue do meu filho. Ele saiu da segunda internação com 32.000/mm3 plaquetas em seu sangue, e glorificamos muito a Deus por isso. Essa foi uma grande vitória!

Seguimos o tratamento com exames de sangue semanais, medindo a quantidade de plaquetas, que só subiam. Em menos de três meses, Cristian já estava curado. O médico nos disse que, se as plaquetas não subissem no período de um ano de tratamento, o baço deveria ser retirado, o que nos fez orar e clamar a Deus pedindo para que isso não fosse necessário. Mas o milagre logo aconteceu, e ele não precisou de cirurgia. Hoje, Cristian tem cinco anos de idade e nunca mais teve problemas.

Foi um período no qual nos achegamos mais a Deus e aprendemos que Ele sempre tem o melhor para nós e que, mesmo no meio da tempestade, Ele cuida de nós! Ao viver essa experiência, tivemos a convicção de que há coisas impossíveis para os homens, mas para Deus nada é impossível. Ele é um Pai bom. Glorificado seja Deus! Nossa fé n'Ele aumentou e nos aprofundamos em experimentar

Sua presença. Essa tribulação fez com que nosso relacionamento com Deus se intensificasse muito. Experimentamos as porções da Bíblia que dizem:

> E não somente isto, mas também nos gloriamos nas tribulações, sabendo que a tribulação produz a paciência; e a paciência, a experiência; e a experiência, a esperança. E a esperança não traz confusão, porquanto o amor de Deus está derramado em nosso coração pelo Espírito Santo que nos foi dado. (Romanos 5.3-5)

> Meus irmãos, tende grande gozo quando cairdes em várias tentações, sabendo que a prova da vossa fé produz a paciência. Tenha, porém, a paciência a sua obra perfeita, para que sejais perfeitos e completos, sem faltar em coisa alguma. (Tiago 1.2-4)

Testemunho contado por Vanessa Pereira Reis

Capítulo 24

Cristina Lages

66 Há momentos em que não há a possibilidade de o Ministério de Capelania ir ao hospital para orar pelas pessoas. Às vezes, isso acontece devido à distância, ou porque a agenda da equipe está completamente tomada pelas visitas que já foram marcadas. Também é possível que isso

ocorra em situações de extrema urgência. Sendo assim, muitas vezes, a oração acontece ao telefone. O meu testemunho é um, entre tantos, em que Deus respondeu às orações por telefone.

Em julho de 2018, nascia, em Santos, meu sexto neto. Houve complicações sérias no trabalho de parto devido à ruptura imperceptível da bolsa amniótica, que causou a redução quase total de seu líquido. Isso trouxe complicações ao parto e ocasionou duas paradas respiratórias ao Matteo, meu neto, que foi prontamente levado para a UTI neonatal. Ele permaneceu lá por quinze dias até sua completa restauração, que muito surpreendeu a todos, inclusive os médicos! Naquele dia e nos subsequentes, pedi orações para o grupo de mães da igreja.

Numa noite, quando estava muito angustiada, telefonei para a Pastora Rosa e pedi para que ela orasse comigo. E, durante a oração, Deus a direcionou para que declarasse: "**Sopro de vida sobre o Matteo!**". A partir daquele dia, a respiração dele, que estava acontecendo através aparelhos, começou a ser regularizada. Todos nós recebemos, com muita gratidão, o milagre do grande Deus, que nunca nos desampara! Sou muito grata a Ele e a todos que estiveram conosco em oração pelo Matteo.

Testemunho contado por Cristina Lages

Capítulo 25

Daniela e Walkiria Cardoso

❝ Estávamos passando por um momento delicado no que diz respeito ao estado de saúde de minha avó, de setenta e um anos, mãe da minha mãe Walkiria. Ela sofria de diabetes há vinte anos e, em certo dia, teve um mal-estar e infartou. Então, nós a levamos ao hospital mais próximo, onde ela foi atendida, medicada e teve de passar pelo procedimento de cateterismo. Mas, antes disso, ela teve um edema agudo.

Deus operou um milagre e fez com que ela superasse essa situação. Porém, após realizar os devidos exames, foram constatadas outras doenças: rins com baixa atividade, cardiopatia, pulmões debilitados, infecção sanguínea e diabetes alta. Os médicos chegaram a dizer que ela não iria resistir. Foi quando Deus conduziu a equipe de capelania a lhe fazer uma visita e, nesse dia, o aparelho de oxigênio tinha sido desligado, sendo que ela não poderia ficar sem aquele suprimento.

Enquanto orávamos, uma pessoa da equipe de capelania teve uma visão espiritual, na qual verificava a presença de anjos no quarto. No dia seguinte, chegaram os exames e, para nossa surpresa, os resultados apresentaram um quadro de saúde estável! A médica ficou assustada com a rápida recuperação da minha avó, pois ela voltou a andar e já não precisava mais usar fraldas; logo teve alta.

Minha avó voltou para casa feliz, e comemoramos o seu aniversário com toda a família. Agora, depois de um ano, ela está bem, tendo apenas de tomar alguns medicamentos. Esteve em uma consulta com o cardiologista há pouco tempo, e ele disse que, ao vê-la e observar seus exames atuais, nem parece que ela teve todos aqueles problemas anteriores.

Deus também operou um milagre na vida de uma paciente que estava no mesmo quarto que minha avó. Ela estava em coma e sem condições de comunicar-se, porém, recebeu uma oração e, no dia seguinte, teve alta médica.

Foram verdadeiros milagres que ocorreram ali, somos muito gratas a Deus e queremos glorificá-lO através deste testemunho.

Testemunho contado por Daniela Cardoso

Capítulo 26

Iracema Lavezzo Pereira

66 Depois de três cirurgias relacionadas ao útero, comecei a ter problemas de incontinência urinária e várias infecções. Passados uns dois anos de tratamento, sem obter resultados positivos, a médica decidiu fazer uma nova cirurgia para resolver

os episódios de infecção. Entretanto, avisou que eu teria incontinência urinária pelo resto de minha vida.

No mesmo instante, não aceitei aquela sentença; declarei a minha confiança no Senhor e que eu seria curada. Assim aconteceu. Eu já tinha experimentado o poder sobrenatural de Deus com a cura de minha tireoide, sendo que o médico tinha dito que ela não iria mais funcionar e eu teria de tomar medicamentos pelo resto da vida. Porém, em um culto, a Dra. Sarah foi usada por Deus e disse que Ele estava curando a tireoide de alguém ali. Senti que aquela palavra era para mim e cri imediatamente em minha cura.

Após realizar o devido exame, foi constatada a cura completa de minha tireoide, para a glória do Senhor. Desde 2011, não tomo mais medicamento algum.

Outra experiência que tive com Deus, e também fortaleceu minha fé e confiança n'Ele, foi quando o Senhor curou completamente a minha visão. Antes, não podia fazer coisa alguma sem os óculos: ler, colocar linha na agulha (pois sou costureira) e outras coisas mais. Hoje, faço tudo sem usar os óculos, consigo até ler letras bem pequenas. Assim, eu sabia que Deus estava comigo.

Por causa dessas experiências, mesmo antes da cirurgia, tive convicção de que Deus iria cuidar de tudo. Especialmente, porque na conferência Voz de Sião de 2018, quando passei pela sala profética, Deus usou duas crianças para me dizer que tudo iria dar certo e que não era para eu ficar preocupada.

E assim aconteceu. A médica até ficou assustada e disse: "Você recebeu um milagre, porque com apenas uma cirurgia todo o seu problema foi resolvido". Ela disse que nunca tinha visto alguém que, tendo passado por essa cirurgia, não reclamasse de dor e de incômodo com os pontos. E nem foi necessário que eu usasse sonda, que normalmente seria usada por duas semanas após aquela operação.

Não parecia que eu tinha passado por uma cirurgia, a não ser pelo resultado, que foi a minha cura. Eu fiquei apenas dois dias no hospital e estava tão bem, que nem precisei de nenhum acompanhante. A equipe do Ministério de Capelania Hospitalar veio me visitar, e todos ficaram admirados com minha recuperação. Juntos, oramos agradecendo e glorificando a Deus. Ele é muito maravilhoso!

Testemunho contado por Iracema Lavezzo Pereira

Capítulo 27

Jorge Knirsch

❝ No dia vinte e cinco de novembro de 2017, às três horas da manhã, tive um Acidente Vascular Cerebral – AVC. Eu não conseguia mexer o braço direito nem andar ou falar. Quando isso aconteceu, minha esposa, Cecília, ainda estava dormindo, então eu tentei chamar os meus filhos, mas eu não conseguia nem bater na porta do quarto deles. Eles, porém, me ouviram, perceberam que algo estava errado comigo e me levaram imediatamente ao hospital. Fui internado, indo direto para a UTI.

Recebi a visita de uma pessoa da equipe de capelania da igreja, que orou por mim no momento em que eu ainda não estava conseguindo sequer falar, e o meu braço direito ainda estava paralisado. Naquele dia, eu iria fazer um exame de ressonância, mas Deus me disse, em meu coração, que isso seria feito apenas para testificar o milagre que Ele fez. E assim aconteceu. No dia seguinte, já conseguia falar e ter os movimentos do meu braço direito de volta.

    Depois de cinco dias, recebi alta e, no domingo seguinte, já fui para a igreja dirigindo meu carro e participei da ceia do Senhor. Foi um verdadeiro milagre de Deus! Na semana seguinte, também dirigi até a igreja e ainda levei um amigo ao bazar de Natal. Fui totalmente curado; não tive sequela alguma. Deus seja muito glorificado! Ele é muito maravilhoso!

    Depois de pouco mais de um ano da minha cura, o meu irmão esteve na UTI, já em estado terminal, e ele também foi agraciado. Durante a visita e a oração da equipe de capelania, ele teve o privilégio de receber Jesus Cristo como seu Salvador e, depois de menos de vinte e quatro horas, partiu com Ele. Foi impressionante! Vi a fidelidade de Deus nessa situação. Tenho uma profunda gratidão a Deus. Como Ele é maravilhoso!

Testemunho contado por Jorge Knirsch

Capítulo 28

Haroldo R. Fernandes e Sheila Bastos Fernandes

"Em 2018, nosso sobrinho, Enzo M. Bastos, teve o que parecia ser uma virose, mas, depois de quatro dias, foi constatado que ele estava com Síndrome Hemolítica Urêmica (SHU). Essa síndrome afeta os rins e o cérebro, bactérias atacam os rins, fazendo com que eles parem de filtrar a ureia e outras toxinas do sangue.

Ele passou vinte e seis dias internado e, nesse período, seus rins paralisaram completamente, sendo necessária a realização de uma hemodiálise. Enzo estava tão fragilizado, que não conseguia ficar em pé nem se mexer na cama, chegou ao ponto de receber alimentação através de uma sonda nasogástrica. A quantidade de plaquetas em seu sangue começou a cair e, por isso, ele também precisou de uma transfusão sanguínea.

Os médicos não acreditavam que ele poderia se recuperar e disseram que ele só seria restabelecido por um milagre de Deus. O próprio Enzo chegou a falar que achava que iria morrer. Também disseram que, se ele saísse do hospital, teria de tomar medicação para os rins por tempo indeterminado.

Porém, o Enzo foi totalmente curado por Deus, está com a saúde em perfeita condição e não teve de tomar medicação alguma após a alta médica. Foi um verdadeiro milagre de Deus! Hoje, e em todas as oportunidades, toda a família reconhece que foi cem por cento a mão de Deus que realizou a cura dele, e temos glorificado muito ao Senhor.

Nossos corações transbordam de gratidão, primeiramente a Deus, por operar a cura, e também pela presença de membros do ministério infantil, da capelania e de muitos irmãos da nossa igreja local, que estiveram conosco nesse momento difícil, cobrindo-nos em oração.

Em cada visita que recebíamos na UTI, sentíamos a presença de Deus, o Seu cuidado e amor, o que nos tranquilizava no meio daquela tempestade.

Glórias ao nosso Deus todo poderoso! Pois nada é impossível para Ele!

Testemunho contado por Haroldo e Sheila Fernandes

Capítulo 29

Laura Aparecida de Oliveira Pera Santos e Tiago Willian Santos de Aguiar

❝ Eu tinha uma vida normal até os meus dezoito anos de idade, mas em 2001 comecei a passar mal e tive o diagnóstico de aplasia de medula. Ou seja, noventa por cento da minha medula óssea não funcionava. Após dois anos de tratamento, surgiu uma outra doença, também em minha medula, chamada hemoglobinúria paroxística noturna. Isto é, quando ocorre a destruição de algumas células danificando órgãos vitais. Entre 2001 e 2004, passei por várias internações devido à baixa imunidade.

Em 2005, a doença se agravou e tive vários problemas de saúde. Nessa época, uma vizinha, que frequentava a Zion Church, pediu para a Pastora Rosa me visitar em minha casa. Ela apresentou-me o caminho para Novo Nascimento, mas eu não estava aberta para Jesus Cristo. Poucos dias depois, fui internada com trombose no fígado, o que indicava que minha situação estava piorando a cada dia. Os médicos não sabiam mais o que fazer comigo e já estavam esperando meu óbito.

Nesse momento, quando não havia mais esperança em minha vida, recebi novamente a visita da Pastora Rosa e, ouvindo o plano da salvação, prontamente entreguei minha vida a Jesus Cristo, declarando-O como meu único Senhor e Salvador, e então comecei a viver uma nova história.

Dentro de mim, nasceu esperança, alegria e fé, pois sabia que Deus estava comigo, ajudando-me e cuidando de tudo. Comecei a melhorar do problema no fígado e, milagrosamente, tive alta e pude voltar para casa. Depois, tive de ser internada outras vezes, mas eu via a mão de Deus me sustentando em cada detalhe. Com Sua infinita bondade, o Senhor surpreendia os médicos e a minha família.

Em 2012, tive outra crise grave e fui internada na UTI com complicações gravíssimas: febre incessante, pressão arterial de 21 por 10 (isto é, altíssima) – que os médicos não conseguiam controlar com medicamento algum – e, além disso, apresentava insuficiências renal, respiratória e hepática. O médico já tinha avisado à minha família que eu não sobreviveria. Então, despedi-me dos familiares e das pessoas mais próximas a mim. Por mais que eu estivesse vivendo um momento difícil, eu sentia Deus ao meu lado me sustentando o tempo todo.

No dia seguinte, depois de ter recebido orações das pessoas que estavam me acompanhando, acordei respirando normalmente e soube, pelos médicos, que meus rins, pulmões e fígado estavam bem melhores. Na hora da visita, minha mãe chegou e eu estava sentada comendo um lanche. E, assim, fui melhorando aos poucos e tive alta.

Diante de tudo isso, minha médica prescreveu um novo medicamento, caríssimo, fornecido pelo sistema público de saúde, e ele reduziria a morte das células, diminuindo as crises e suas consequências.

Fiz esse tratamento por quatro anos e, durante esse tempo, a minha qualidade de vida melhorou muito. Estava indo muito bem, até que, ao final de 2016, o sistema público de saúde, que fornecia o medicamento que eu usava, suspendeu o fornecimento, interrompendo assim meu tratamento. Ao saber disso, fiquei muito desesperada, mas logo me apeguei à verdade de que Deus é quem me sustenta. Desde 2017, estou sem esse medicamento e, milagrosamente, tenho vivido cada dia amparada e assistida, nos mínimos detalhes, por Jesus Cristo, o Médico dos médicos.

Mesmo com toda essa minha condição de saúde, eu sonhava em ter um lindo e abençoado casamento, e Deus me presenteou com uma pessoa muito especial, um verdadeiro milagre. Foi muito lindo como eu o conheci. Eu estava dentro de um ônibus e o ouvi dando seu testemunho de como Deus o livrara da morte.

Aos dezesseis anos de idade, Tiago sofreu um acidente enquanto andava de motocicleta. Ele bateu a cabeça e perdeu uma grande parte do cérebro, também fraturou várias partes do corpo: nariz, braço, fêmur e perna; e seu olho saltou para fora do lugar.

Chegando ao hospital, diante da gravidade, o médico informou que ele tinha apenas um por cento de chance de sobreviver. Ou seja, provavelmente não resistiria. Os médicos iriam fechar o ferimento da cabeça dele apenas para sepultá-lo e, se sobrevivesse, iria viver em estado vegetativo. Contudo, milagrosamente, após um tempo de tratamento, ele foi cem por cento restaurado, sem ficar com sequela alguma, para a glória a Deus.

Continuei encontrando-o no ônibus, e ele continuamente dava seu testemunho. Então, começamos uma amizade. Hoje, com muita alegria, posso dizer que ele é meu amado esposo, um presente de Deus para mim. Nosso casamento foi muito lindo, totalmente feito por Deus por meio de pessoas muito queridas.

Cada dia tem sido um milagre, sempre sendo sustentada por Deus. Vivo com paz, esperança, alegria e fé, escolho olhar para a eternidade, na qual estarei para sempre com Jesus Cristo.

Sou muitíssimo grata por todos esses anos que estou vivendo de milagre em milagre, experimentando a bondade, a fidelidade e a grandeza de Deus. A alegria do Senhor Jesus Cristo tem sido minha força para prosseguir perseverando em vitória. Ainda estou lutando pela minha saúde e digo sempre: não importa o que aconteça, tenho experimentado e provado que Deus é sempre muito bom! Louvado seja o grandioso Deus Triúno: Deus Pai, Jesus Cristo e Espírito Santo!

Testemunho contado por Laura Santos

Capítulo 30

Marisete Teixeira Alonso Akao

❝ Em 2018, passei por uma consulta rotineira com o oftalmologista. Foi quando recebi um diagnóstico de úlcera na córnea e soube que havia o risco de perder a visão. Essa notícia me abalou muito, pois o meu pai já não podia enxergar com um dos olhos e, portanto, eu já sabia da gravidade daquele problema. Eu ficava constrangida e comecei a usar óculos escuros em todos os lugares.

Mas, em um certo dia, oraram por mim, com a direção do Espírito Santo, e declararam, chamando à existência, a cura dos meus olhos, de acordo com o que está escrito na Bíblia: "[...] Deus, o qual vivifica os mortos e chama as coisas que não são como se já fossem" (Romanos 4.17). Tomei posse, imediatamente, dessa promessa de Deus descrita em Sua Palavra e, depois de poucos dias, quando fui à consulta de retorno ao médico, foi constada minha cura completa. Fiquei muito emocionada, pois estava vendo a resposta do Senhor.

Sou profundamente grata ao nosso Deus, pois a cura foi completa, não tive sequela alguma. Fui muito tocada, internamente transformada e levada a um novo nível de amor por Deus. Quero servi-lO ainda mais com toda a minha dedicação.

Muito obrigada, Senhor!

Testemunho contado por Marisete Akao

Capítulo 31

Norma da Silva Mamprim

❝ Em outubro de 2016, tive uma crise de amigdalite muito grave. Fui ao hospital e, como de costume, alertei a equipe médica quanto ao fato de que sou alérgica à penicilina. Apesar de tomar anti-inflamatório e antibiótico, não houve melhora em meu quadro. Por isso, retornei ao hospital três dias depois e, mais uma vez, alertei a equipe a respeito de minha alergia, porque todos os medicamentos teriam de ser alterados.

No terceiro dia de uso de uma nova medicação, percebi que estava tendo uma reação alérgica, que foi sendo agravada, tomando todo o meu corpo e escurecendo totalmente a minha pele. Minha boca e meus lábios ficaram muitíssimo inchados, tive febre alta e me sentia muito mal. Meu aspecto estava ruim.

Então, eu e meu marido fomos a outro hospital, onde vários exames foram feitos para comprovar uma suspeita do médico: eu tinha síndrome de Stevens Johnson, uma doença com graves complicações. Os resultados dos exames comprovaram que, de fato, eu apresentava essa doença e fui internada imediatamente para realizar o tratamento adequado.

Meu marido entrou em contato com o Ministério de Capelania e, no mesmo dia, recebi a visita de um membro dessa equipe. Durante a oração, sentimos a presença do Espírito Santo naquele lugar como se fosse uma onda, e, mediante uma direção específica de Deus para a oração, foi declarado com firmeza e autoridade: "Que haja uma mudança no diagnóstico!".

Naquele mesmo dia, e por mais seis dias, foram feitos novos exames e foi comprovado que houve mudança de diagnóstico para: grave crise alérgica medicamentosa. Soube, depois, da gravidade daquela doença, da qual Deus me guardou e protegeu. Fiquei muito grata ao Senhor!

Glórias a Deus! Ele é fiel. Mais uma vez, pude experimentar da graça e da bondade do meu Senhor!

Testemunho contado por Norma Mamprim

Capítulo 32

Robson Vasconcelos de Oliveira e Andréa Costa de Melo Oliveira

❝ Em setembro de 2015, eu estava em um congresso de oftalmologia em Florianópolis, quando um *stand* caiu sobre mim, de modo que sofri uma lesão medular, que me deixou tetraplégico. Naquela ocasião, Deus me surpreendeu desde o momento em que fui socorrido no local do acidente até a realização da cirurgia. O médico que me operou afirmou que, em vinte e dois anos de carreira, nunca vira um paciente sobreviver a uma lesão como aquela, e admitiu que isso era um milagre de Deus. Trata-se de uma situação que a medicina não explica, pois, de acordo com as possibilidades naturais, ou o acidente seria fatal ou eu ficaria em estado vegetativo pelo resto da vida.

Hoje, estou escrevendo este texto com a mente cem por cento lúcida e consciente, para a glória de Deus. Passei por vários procedimentos e, em todos eles, senti o amor e o cuidado do Senhor por mim. Já em São Paulo, passei por uma cirurgia neurológica e pude ver, mais uma vez, Deus enviar anjos para me socorrer. Ainda no hospital, em certa noite, acordei por volta das quatro horas da madrugada acometido por uma profunda tristeza, que chegava a causar dor em minha alma. A minha saturação de oxigênio caiu e os médicos queriam me levar de volta para a UTI. Minha esposa me contou que não concordou com isso e, imediatamente, entrou em contato com a equipe de capelania da igreja, que veio até o hospital.

Após orarmos, todos os aparelhos que mostravam irregularidades em tudo foram estabilizados, minha pressão arterial e a saturação de oxigênio em meu sangue voltaram ao normal também, e eu não tive de voltar mais para a UTI. Um alívio e uma paz interior tomaram conta de mim, testificando a ação de Deus e, naquele momento, Seu nome foi glorificado. Mais uma vez, a sentença dos médicos, que afirmavam ter de me levar de volta para a UTI, não prevaleceu e eu agradeci muito ao Senhor, pois aquele é um lugar do qual tenho trauma e pavor.

Desde o dia em que chegamos a São Paulo, Deus nos deu mais que irmãos, Ele nos deu uma família. A Dra. Sarah foi muito usada por Deus ao ajudar em nossos primeiros passos de nossa nova vida cristã. Na Zion Church, tivemos um encontro verdadeiro com Jesus. Não somente o nosso Pastor Teófilo, mas também muitos membros da liderança estiveram conosco, acolhendo-nos e ensinando.

Acima de tudo, queremos glorificar ao nosso Deus, que até hoje nos sustenta. Ele nos deu alegria, esperança e revelou a nós o verdadeiro sentido da vida. Ele transformou nossa história, dando-nos "[...] óleo de gozo por tristeza, veste de louvor por espírito angustiado, a fim de que se chamem árvores de justiça, plantação do Senhor, para que ele seja glorificado" (Isaías 61.3).

Testemunho contado por Robson e Andréa de Oliveira

Capítulo 33

Ronaldo Resende

"Há alguns anos, encontrava-me com a saúde afetada. Passei noites sem dormir, tomado por depressão, via-me sem rumo, sem um trabalho fixo, sem dinheiro, desmotivado, sem perspectiva alguma para minha vida e completamente confuso. Só queria ficar deitado e prostrado no quarto escuro, não tinha motivação alguma. Foi quando minha irmã e meu cunhado me levaram para conhecer a Zion Church, onde tive todo acolhimento de que precisava, de uma maneira genuína e fraterna.

Através de uma conversa com o Pastor César, tive um encontro único com Jesus Cristo, o Novo Nascimento, ao entregar a minha vida a Jesus Cristo e aceitá-lO como meu Senhor e Salvador. Foi o começo de uma nova vida, maravilhosa, a qual jamais tinha experimentado antes. Uma vez por semana, a Pastora Rosa e o Rafael, voluntariamente, doavam seu tempo para apresentar-me a Palavra de Deus, ensinando-me os primeiros passos da vida cristã.

De uma forma surpreendente, fui me nutrindo dia a dia e comecei a dar passos firmes. Eu era fortalecido e sentia cada vez mais fome pela Palavra de Deus e por Sua presença. Depois de dois meses, fui batizado nas águas, fazendo uma aliança eterna com Jesus Cristo. Senti, de fato, o renascimento e me conectei ao que Deus programou para minha vida mesmo antes de eu nascer. Foi uma obra linda do Espírito Santo, como a Palavra diz: "Não por força nem por violência, mas pelo meu Espírito, diz o Senhor dos Exércitos" (Zacarias 4.6b).

Percebi que toda a minha vida estava sendo restaurada. Iniciou-se uma estação nova, um novo tempo, tive uma *metanoia* – palavra grega, que significa verdadeira mudança, transformação da maneira de pensar. Aquela depressão profunda foi dissipada, e minha saúde física, mental e espiritual foi fortalecida e renovada. Começaram a aparecer novas oportunidades, as quais nunca havia imaginado; portas de trabalho se abriram para mim, especialmente na área da educação, que é minha área de atuação.

Além de toda essa mudança, Jesus Cristo despertou em mim uma fome sobrenatural por Ele e por Sua Palavra, o que me fez querer aproveitar as oportunidades e aprender mais sobre Ele. Por isso, participei dos cursos ministrados pela igreja local, tais como: Primeiros Passos, Entendendo a Deus, Caráter de Cristo e Charisma. Também realizei o Processo Raízes, procedimento de membresia da Zion Church. Quero continuar estudando a Palavra viva de Deus para sempre!

Descobri também, que sou fruto de vinte anos de oração da minha irmã. Honro a vida de todos: os líderes do Link – pequeno grupo de pessoas que se reúnem semanalmente para estudo, oração e comunhão – e as pessoas que, de uma maneira amorosa, contribuíram para esse processo transformador em minha vida. Que Deus possa usar cada vez mais pessoas que respondem ao Seu chamado, assim como está escrito: "E disse-lhes: Vinde após mim, e eu vos farei pescadores de homens" (Mateus 4.19).

Mas, acima de tudo, dedico minha profunda gratidão ao nosso Deus Triúno: Deus Pai, Deus Filho e Espírito Santo, que mudou a minha vida. Quero continuar a crescer, conhecê-lO cada vez mais e viver para o Seu propósito!

Testemunho contado por Ronaldo Resende

Capítulo 34

Tamie Hara e Yoshie Nakamura

❝ Minha querida mãe, Yoshie Nakamura, nascida no Japão no dia quatorze de junho de 1928, frequentou a Zion Church, onde aceitou a Jesus como seu Senhor e teve uma nova vida com Cristo. Em uma noite de inverno, ela foi ao banheiro de madrugada e, ao voltar para sua cama, caiu e ficou ali no chão frio, sem poder se levantar, pois teve seu fêmur fraturado por conta da queda.

  Ela ficou ali no chão, com muito frio, e então pediu para Deus ajudá-la. Contou que, naquele momento, viu duas crianças pulando sobre a cama dela e pensou: "Não podem ser meus bisnetos numa hora dessas!", e tentava reconhecer os rostos, mas não conseguia por causa da escuridão, e se perguntava quem seriam aquelas crianças. De repente, elas jogaram os cobertores e o edredom no chão, de modo que ela pôde se aquecer. Quando pensou em agradecê-las, viu que elas tinham simplesmente sumido. Minha mãe ficou muito impressionada, sem entender o que havia acontecido, pois amanheceu no chão bem quentinha, apesar de ter passado uma das noites mais frias do ano deitada no chão.

Cheguei à sua casa por volta do meio-dia, como de costume, e fiquei muito assustada ao vê-la no chão. Então, perguntei-lhe o que tinha acontecido. Ela, com muita euforia, começou a relatar todos os acontecimentos daquela madrugada, e percebemos que Deus havia mandado anjos para jogar os cobertores e aquecê-la naquela noite tão fria. Tudo isso foi relatado com grande entusiasmo à equipe de capelania quando realizaram uma visita a ela no hospital, onde estava internada. Minha mãe lhes contava repetidas vezes sobre os anjos que a ajudaram, sempre com muita alegria.

Começamos a agradecer a Deus alegremente por aquela manifestação sobrenatural. Isso fortaleceu muito a fé da minha mãe, pois ela pensava que Deus não se importava mais com ela. Isso, porque ultimamente não estava conseguindo mais ir à igreja. Com esse acontecimento, ela sentiu-se muito amada pelo Senhor, o que trouxe a ela muita alegria e uma forte convicção de que Deus nunca Se esquece de Seus filhos.

Aos oitenta e nove anos de idade, no dia quinze de setembro de 2017, ela partiu com Jesus em vitória. E, mantendo a esperança e a fé, eu descanso em Deus, pois sei que irei encontrá-la na eternidade. Glórias a Deus!

Testemunho contado por Tamie Hara

Capítulo 35

Thiago Francisco e Bruna Danielle Ribeiro Francisco

❝ Nosso segundo filho, João Batista Ribeiro Francisco, estava sendo ansiosamente esperado por nós. Fizemos um bom acompanhamento de pré-natal e, concluídos todos os devidos exames, foi constatado que seu estado de saúde era ótimo, o bebê desenvolvia-se perfeitamente. Assim, minha esposa, Bruna, iniciou o trabalho de parto na data prevista.

Tudo ocorria dentro do esperado, até que, no momento final do parto, houve uma intercorrência, uma rotura uterina, que ocasionou falta de oxigenação para o bebê. Corremos para uma sala adjunta e ali foi feita uma cesárea emergencial. Ele nasceu sem respirar e sem batimentos cardíacos. Foi necessária uma reanimação e, após alguns minutos, a frequência cardíaca foi normalizada, porém a respiração não. Ele foi intubado ali na sala de parto mesmo, e já subiu para a UTI neonatal.

Todo esse procedimento durou quinze minutos e o primeiro milagre já havia ocorrido. A Bruna não precisou de transfusão de sangue, não perdeu o útero nem foi encaminhada para a UTI, o que é de praxe em casos de rotura uterina. A princípio, não compreendíamos o nível de gravidade do ocorrido, mas tínhamos a certeza de que Deus estava no controle de tudo.

A primeira conversa com a equipe médica só ocorreu no dia seguinte, e as notícias não eram boas. Disseram que o João tivera diversas convulsões e que havia sido necessário o uso de uma medicação, na mais alta dose, para controlá-las. Infartou três vezes, seu nível de glicose era de 850 mg/dL, o que é altíssimo, e não baixava, mesmo com o uso de insulina. Além disso, ele foi sedado e colocado em um protocolo de resfriamento por setenta e duas horas para reduzir possíveis danos cerebrais. Não esperávamos ouvir essas notícias; elas caíram como uma bomba em nossos corações.

Ao voltarmos para o quarto, clamamos ao Senhor por um milagre, e o Espírito Santo nos disse que estávamos andando sobre as águas e que não deveríamos tirar os olhos de Jesus – não deveríamos olhar para a tempestade. Tínhamos duas escolhas: crer nos diagnósticos médicos como decretos que iriam definir o destino do nosso filho, ou crer que o Senhor tem o poder para mudar toda e qualquer situação. Optamos por confiar no Senhor acima de todas as coisas. Há situações em que palavras proferidas, diagnósticos e decretos vêm para tirar o nosso foco de Jesus, mas a Palavra do Senhor é superior a qualquer palavra humana, pois, com elas, Ele criou os Céus e a Terra.

Nos dias seguintes, houve algumas melhoras, mas ele continuava tomando uma alta dose de medicamentos para que seu quadro continuasse estável. No terceiro dia, a equipe médica nos informou do término do protocolo de resfriamento e que fariam o reaquecimento gradual do bebê e, após isso, uma ressonância para verificar o estado do cérebro dele. No processo de reaquecimento, o João convulsionou novamente, sinal de que houve algum comprometimento neurológico. Após a ressonância, fomos informados de que foram encontradas lesões na região central do cérebro dele. Mais uma bomba para nossos corações, mas decidimos continuar clamando e crendo no milagre do Senhor sobre a vida dele, independentemente do que diziam os médicos.

Conversamos com a equipe de neurologia do hospital e o prognóstico não era bom. Esperavam alguma reação do João, porém ele não apresentava resposta alguma. Para os médicos, o caso do João era indicativo para tratamento paliativo. Segundo seus conhecimentos, a chance de sobrevivência era mínima e acreditavam que ele não sairia do estado de coma, mesmo com a retirada dos sedativos.

Três dias depois do reaquecimento, ocorreu algo que mudou completamente o quadro clínico do João: ele despertou do estado comatoso momentos antes de ser examinado pela neurologista. Após examiná-lo, ela disse que o quadro clínico dele não era compatível com os resultados dos exames, pois ele estava muito melhor do que se podia esperar. Aquilo aumentou a nossa convicção de que o Senhor faria um milagre na vida de nosso filho e continuávamos a viver pela fé.

Alguns dias após o despertamento do João Batista, os médicos tentaram extubá-lo, mas não houve sucesso e ele precisou voltar a utilizar o tubo respiratório. Os médicos continuavam sem perspectivas de que seria possível ele respirar sozinho; diziam não acreditar que ele fosse sair da intubação devido às lesões neurológicas. Eles haviam conversado conosco alguns dias antes, e disseram que ele só conseguiria respirar por meio de uma traqueostomia. Apesar disso, continuávamos orando e crendo que o Senhor Jesus Cristo faria esse milagre na vida dele.

No domingo seguinte, fomos ao culto da manhã na Zion Church. Após a ministração, pedimos uma oração para um intercessor da equipe de ministração e fomos orientados a entrar em contato com o Ministério de Capelania. Graças ao bom Jesus, a Pastora Rosa estava lá e, ali mesmo, oramos pela vida do João Batista. Na tarde daquele mesmo dia, recebemos a visita dos irmãos da equipe de capelania, oramos em concordância com eles e impusemos nossas mãos sobre o João. Dois dias depois, em uma nova tentativa de extubá-lo, o processo ocorreu com sucesso para a honra e glória do Senhor Jesus!

Ao todo, foram dezenove dias de intubação. Após esse período, ele passou dez dias utilizando o CPAP[1], mais dezenove dias no cateter respiratório e, por fim, conseguiu realizar a tão sonhada respiração ambiente, sem nenhum auxílio respiratório. Assim, mostrou que o Senhor Jesus Cristo transforma e reverte todo e qualquer diagnóstico, superando todas as expectativas médicas.

A cada dia de internação, continuávamos orando, buscando ao Senhor e profetizando Filipenses 1.6: "[...] Aquele que em vós começou a boa obra a aperfeiçoará até ao Dia de Jesus Cristo". Declarávamos: "Senhor Jesus, estamos esperando em Ti". Além disso, quebrávamos todas as palavras ruins, que diariamente eram ditas em relação ao quadro do João e aos prognósticos esperados pelos médicos.

Uma das pessoas da equipe médica que cuidava de nosso filho – que a princípio não acreditava que o quadro dele poderia melhorar –, após ver as maravilhas realizadas pelo Senhor, disse-nos que os feitos que ocorreram na vida dele deveriam ser escritos no caderno de milagres.

---

[1] O CPAP é um equipamento usado no tratamento da apneia do sono, do ronco e de outras patologias ligadas ao sistema respiratório. CPAP é uma sigla em inglês, que significa Pressão Positiva Contínua nas vias aéreas. Informações retiradas da aba de "Perguntas principais" do site CPAP Vital, na questão "O que são CPAP e BIPAP?". Disponível em *https://www.cpapvital.com.br/atendimento*. Acesso em outubro de 2020.

A próxima etapa a ser feita seria o tratamento com a fonoaudióloga para o restabelecimento da deglutição e sucção. Inicialmente, foram quinze dias de tratamento com duas sessões por dia. Aos olhos humanos, os avanços eram pequenos; ele começou a ter vedação de boca e conseguia fazer algumas deglutições, mas os movimentos não ocorriam de forma sistêmica como era esperado pelos profissionais.

Conversamos com a equipe médica e pedimos para que fossem feitos mais sete dias de tratamento antes de tomarmos qualquer decisão. Caso a situação dele não melhorasse com o tratamento, seria proposta uma gastrostomia para que ele pudesse se alimentar sem a sonda enteral. Ao final do tempo estabelecido, os avanços ainda não eram suficientes para que ele se alimentasse sozinho. O João ainda teve um princípio de infecção e precisou voltar a utilizar o cateter respiratório por alguns dias. Diante desse quadro, os médicos nos orientaram a fazer a gastrostomia. Contudo, confiávamos no nosso Deus vivo. E dissemos não para a realização desse procedimento.

A equipe médica, então, sugeriu que tivéssemos alta com o suporte de um *home care*, dando continuidade ao tratamento em casa. Para que o João pudesse ter alta, realizaram um *check up* com diversos exames, através dos quais constataram a presença de uma hérnia. Os médicos conversaram conosco e explicaram sobre a necessidade de realizarem uma cirurgia e sugeriram que já aproveitássemos que ele iria passar por essa operação para realizar a gastrostomia, porém o cirurgião iria avaliá-lo somente no dia seguinte.

Naquela noite, oramos e ordenamos a retração completa daquela hérnia. No dia seguinte, quando o cirurgião foi avaliar o João, examinou-o diversas vezes e não encontrou nenhum resquício de que ali tivera uma hérnia. Ele olhou os exames, conversou com os outros médicos e disse: "Eu sei o que estou falando, tenho experiência nisso, e não há hérnia alguma aqui, pois ainda que ela tivesse retraído, haveria algum resquício". Louvamos e glorificamos o nome de Jesus, por Sua maravilhosa graça, e continuávamos firmes com fé no Senhor.

João Batista com oito meses de idade

O *home care* foi liberado e ficamos felizes por poder trazer nosso filho, um milagre do Deus vivo, de volta para casa. No dia da alta, a mesma pessoa da equipe médica – que a princípio não acreditava que haveria uma melhora no quadro do João – disse-nos também que não achou que ele fosse conseguir sair do tubo respiratório. Dissemos que aquela obra fora realizada por Jesus, e ela acrescentou: "Para Deus, não há algo que seja impossível".

Agradecemos a Deus, acima de todos, e à equipe de capelania da Zion Church, por nos dar suporte e orientações direcionadas pelo Espírito Santo e realizarem orações de intercessão pela vida do nosso filho. Também somos gratos a todos que estiveram juntos a nós em oração.

Desde o princípio, declarávamos que a história do João Batista seria um testemunho do amor, do poder e da glória de Deus. Somos imensamente agradecidos pela oportunidade de trazer o nosso testemunho aqui, para fortalecer àqueles que estão numa situação em que o impossível é a única saída. O nosso Deus é aquele que nunca falha e nunca nos desampara. Glorificado e exaltado seja o nome do nosso Senhor, que opera o que é impossível para os homens!

> Grandes coisas fez o Senhor por nós, e, por isso, estamos alegres.
> (Salmos 126.3)

Testemunho contado por Thiago e Bruna Francisco

Capítulo 36

Um testemunho de cura para a glória de Deus

❝ Meu primeiro contato com o Ministério de Capelania se deu quando fui voluntária. Na época, eu senti que precisava fazer algo mais, por isso me juntei à equipe. A cada visita que fazia para levar conforto às pessoas, sentia que recebia muito mais do que poderia entregar, até porque o conforto que levávamos vinha do Senhor.

Em setembro de 2018, comecei a sentir dores na garganta todas as vezes em que eu tomava água. Achei estranho, mas, a princípio, não dei muita atenção a isso. Passaram-se algumas semanas e a dor continuava, era como se a cada gole algo cortante passasse por minha garganta e eu sentia uma dor fora do normal, como uma pontada. Ao final do mês, eu procurei um otorrinolaringologista, que diagnosticou como amídala lingual inflamada. Depois de uma laringoscopia feita num consultório, foi constatada uma "bolinha" bem pequena em minha garganta, que, segundo ele, não era nada relevante e eu não deveria me preocupar. Ele apenas receitou alguns remédios e falou para eu voltar posteriormente.

Tomei os remédios indicados, mas a dor persistia. Quando voltei a uma consulta com aquele mesmo médico, em meados de novembro, ele prescreveu mais remédios. Novamente fez uma laringoscopia e a "bolinha" estava maior dessa vez, mas ele continuou dizendo que não era nada relevante e que eu não deveria me preocupar.

Em fevereiro, voltei ao médico e a "bolinha" estava maior, então ele disse que deveria realizar uma operação de correção do desvio de septo, falou também que poderia aproveitar para retirar a amídala lingual, que estava me causando dor. Porém, outra vez afirmou que não havia motivos para me preocupar e que não se tratava de algo relevante. Disse que eu poderia fazer essa outra cirurgia quando fosse melhor para mim.

Em abril daquele mesmo ano, antes de operar com esse médico – que, inclusive, já havia solicitado autorização do convênio para realizar minha cirurgia –, resolvi procurar uma segunda opinião. Então, no início daquele mês, consultei um outro otorrinolaringologista e, ao examinar a "bolinha", ele disse que, como otorrinolaringologista, não poderia dar um diagnóstico completo, mas entendia que não se tratava de uma amídala lingual e que eu deveria procurar um médico especialista em cabeça e pescoço.

No dia da consulta com o especialista indicado, soube que eu estava com um tumor na base lingual e que eu precisaria passar por cirurgia o mais rápido possível, pois não havia como identificar se era um tumor maligno ou benigno. Eu estava sozinha e, ao receber essa notícia, desabei por um instante. Pensava que seria só mais uma consulta, mas lembro-me, como se fosse hoje, do momento em que recebi aquela notícia, fiquei sem chão.

Minha mãe compartilhou com a Pastora Rosa o que estava acontecendo e, desde o início, contei com as orações da equipe de capelania. Fiz a primeira cirurgia no dia quinze de maio daquele ano. Como não conseguiram identificar se o tumor era maligno, cortaram o tecido com margem de segurança. Assim, se fosse de fato maligno, evitariam que se espalhasse pelo corpo. A cirurgia correu bem, mas o médico deixou claro que os próximos dias é que mostrariam o quanto minha fala seria afetada, pois não havia como prever isso. Isso, porque eles tiveram de tirar mais tecido que o previsto no início, praticamente metade da minha base lingual foi removida.

Depois de passar três dias no hospital, fui para casa. Estava tudo bem, melhorando a cada dia, embora não estivesse falando direito ainda. Não conseguia engolir bem e só podia ingerir alimentos líquidos e pastosos naquele período. Isso também era um desafio, pois, ao mesmo tempo em que ingeria essa dieta, meu corpo produzia muito muco por conta de uma proteção natural, isto é, como uma maneira de se recuperar mais rápido. Eu não conseguia engolir aquela quantidade de muco produzido, portanto precisava sempre cuspir, e tossia muito para conseguir eliminá-lo. A previsão era de que isso durasse por cerca de quinze dias.

No quarto dia em casa, já estava muito mais difícil conseguir comer e até tomar os remédios, mesmo triturados. No sexto dia, não conseguia engolir nada e quase desmaiei quando estava tomando banho, precisei de ajuda para sair do banheiro. Naquele momento, pensei que aquilo fosse consequência da falta de nutrientes. Liguei para minha mãe, para que fôssemos ao hospital e ela avisou a equipe de capelania sobre o ocorrido, para que orassem por mim.

Após alguns exames, o médico que estava me acompanhando nos informou que eu estava com enfisema subcutâneo. Isso ocorreu por causa de uma abertura no tecido perto do local operado, que permitiu a entrada de muito ar, suficiente para causar uma parada respiratória a qualquer momento, provavelmente causada pela tosse. Ele também informou que eu precisaria de nova cirurgia imediatamente. Se eu não tivesse passado mal e ido para o hospital, poderia ter tido uma parada respiratória em casa. Mais uma vez, vi a bondade de Deus naquela situação, mas, ao mesmo tempo, fiquei sem chão. Apenas seis dias tinham se passado após a primeira cirurgia, e eu teria de começar tudo de novo, e, dessa vez, não estava preparada, fui pega de surpresa. No momento em que eu tinha acabado de receber a notícia, a Pastora Sarah, a Pastora Rosa e a Vanessa chegaram ao hospital, recebi oração delas e, outra vez, vi que Deus estava me guardando e confortando naquele desafio.

Considerando o meu quadro, o médico resolveu me manter intubada e me deixar com sondas para que a cicatrização de ambas as cirurgias pudesse ocorrer da melhor maneira, visto que eu não engoliria nada e não faria esforço algum. Além disso, eu ficaria em coma induzido por quarenta e oito horas para que meu corpo conseguisse se recuperar melhor. Mas, mesmo com os sedativos para quarenta e oito horas, eu acordei doze horas depois. Deram-me mais sedativos e eu pude dormir mais um pouco, mas não pelo tempo que previam.

Após essa segunda cirurgia, fiquei na UTI por uns dias e mais alguns no quarto, totalizando dez dias de internação. Durante esse processo, tudo era difícil, tive crises de ansiedade e de medo, vi-me totalmente vulnerável. Mas, ao mesmo tempo, vi a mão de Deus em tudo, pois recebi muitas orações e visitas da equipe de capelania. Eu me senti totalmente amparada, e tenho certeza de que isso foi fundamental para que eu passasse por esse processo.

A biópsia da primeira cirurgia não foi conclusiva, então precisei fazer mais uma. Após o resultado da segunda biópsia, soube que era um tumor maligno extremamente raro, com pouquíssimos casos relatados no mundo, principalmente considerando minha idade e hábitos. O tumor estava em crescimento lento e foi descoberto no começo. Como não se espalhou e, por conta do tamanho dele, não precisei de radioterapia ou quimioterapia como forma complementar para ser curada. Dou glórias a Deus por isso!

Testemunho de uma pessoa que teve experiências com Deus, vendo o cuidado d'Ele em sua vida

O PODER DO PERDÃO

Capítulo 37

Princípios bíblicos para o perdão

Ao longo de todos esses anos fazendo visitas de capelania em hospitais, tenho visto, com frequência, indivíduos que têm seus corações aprisionados em mágoas. Isso, porque se sentem ofendidos com algumas pessoas e não conseguem liberar perdão. Muitas vezes, o Espírito Santo me direciona a falar sobre perdão, e então conduzo a conversa de modo que gere a oportunidade de perguntar se a pessoa tem mágoa de alguém. Na maioria das vezes, confirmam que sim e alguns até contam o que ocorreu.

Quando isso acontece, costumo compartilhar algumas passagens bíblicas – que aproveitarei para citar a seguir – mostrando a necessidade e a importância de liberar perdão e as consequências de não fazê-lo. Também costumo apresentar alguns versículos que mostram que perdoar é uma ordenança de Deus e que, em Jesus Cristo, temos o maior exemplo de perdoador.

> Então, Pedro, aproximando-se dele, disse: Senhor, até quantas vezes pecará meu irmão contra mim, e eu lhe perdoarei? Até sete? Jesus lhe disse: Não te digo que até sete, mas até setenta vezes sete. (Mateus 18.21-22)

E, quando estiverdes orando, perdoai, se tendes alguma coisa contra alguém, para que vosso Pai, que está nos céus, vos perdoe as vossas ofensas. Mas, se vós não perdoardes, também vosso Pai, que está nos céus, vos não perdoará as vossas ofensas. (Marcos 11.25-26)

Revesti-vos, pois, como eleitos de Deus, santos e amados, de entranhas de misericórdia, de benignidade, humildade, mansidão, longanimidade, suportando-vos uns aos outros e perdoando-vos uns aos outros, se algum tiver queixa contra outro; assim como Cristo vos perdoou, assim fazei vós também. (Colossenses 3.12-13)

Antes, sede uns para com os outros benignos, misericordiosos, perdoando-vos uns aos outros, como também Deus vos perdoou em Cristo. (Efésios 4.32)

E dizia Jesus: Pai, perdoa-lhes, porque não sabem o que fazem. E, repartindo as suas vestes, lançaram sortes. (Lucas 23.34)

Se confessarmos nossos pecados e nos arrependermos verdadeiramente, Deus nos perdoa, por Seu amor, graça e misericórdia infinitos; além do mais, a Bíblia menciona que, depois disso, Deus não se lembra mais das nossas transgressões. Algumas passagens bíblicas nos falam a respeito do perdão de Deus:

Se dissermos que não temos pecado, enganamo-nos a nós mesmos, e não há verdade em nós. Se confessarmos os nossos pecados, ele é fiel e justo para nos perdoar os pecados e nos purificar de toda injustiça. (1 João 1.8-9)

Porque serei misericordioso para com as suas iniquidades e de seus pecados e de suas prevaricações não me lembrarei mais. (Hebreus 8.12)

Quem, ó Deus, é semelhante a ti, que perdoas a iniquidade e que te esqueces da rebelião do restante da tua herança? O Senhor não retém a sua ira para sempre, porque tem prazer na benignidade. Tornará a apiedar-se de nós, subjugará as nossas iniquidades e lançará todos os nossos pecados nas profundezas do mar. (Miqueias 7.18-19)

Eu, eu mesmo, sou o que apaga as tuas transgressões por amor de mim e dos teus pecados me não lembro. (Isaías 43.25)

Desfaço as tuas transgressões como a névoa, e os teus pecados, como a nuvem; torna-te para mim, porque eu te remi. (Isaías 44.22)

De todas as suas transgressões que cometeu não haverá lembrança contra ele; pela sua justiça que praticou, viverá. (Ezequiel 18.22)

E jamais me lembrarei de seus pecados e de suas iniquidades. (Hebreus 10.17)

Vinde, então, e argui-me, diz o Senhor; ainda que os vossos pecados sejam como a escarlata, eles se tornarão brancos como a neve; ainda que sejam vermelhos como o carmesim, se tornarão como a branca lã. (Isaías 1.18)

A nossa principal motivação para liberar perdão é obedecer e agradar ao Pai Celestial. E Ele, com Seu amor e cuidado infinitos, ainda nos mostra, na Sua Palavra, que há ainda mais motivos para fazermos isso, ensinando-nos que há consequências negativas para a falta de perdão.

Se não perdoamos, também não seremos perdoados por Deus:

Porque, se perdoardes aos homens as suas ofensas, também vosso Pai celestial vos perdoará a vós. Se, porém, não perdoardes aos homens as suas ofensas, também vosso Pai vos não perdoará as vossas ofensas. (Mateus 6.14-15)

A falta de perdão traz ira e impede a manifestação da justiça de Deus:

Porque a ira do homem não opera a justiça de Deus. (Tiago 1.20)

Precisamos liberar perdão aos outros para não sermos vencidos por Satanás:

E a quem perdoardes alguma coisa também eu; porque o que eu também perdoei, se é que tenho perdoado, por amor de vós o fiz na presença de Cristo; para que não sejamos vencidos por Satanás. (2 Coríntios 2.10)

Em certo dia, pediram-me para que eu visitasse uma pessoa, com urgência, no hospital, pois o médico já havia avisado à família que o paciente se encontrava numa situação terminal. O maior desejo da família era que ele partisse reconciliado com Jesus. Aquela pessoa estava em tormento, segundo disse um membro de sua família, e havia a possibilidade de que fosse amarrado, pois estava tentando retirar a via de acesso dos medicamentos.

Deus nos levou até lá no momento certo, quando ele ainda estava totalmente lúcido. Em nossa conversa, ele abriu seu coração e confessou que guardava mágoa de uma pessoa, ele liberou perdão e fez uma oração reconciliando-se com Jesus. Foi um momento muito lindo, no qual pude ver a mudança imediata em seu rosto, que passou a demonstrar muita paz e alegria.

Logo que voltei dessa visita, recebi uma mensagem da esposa desse paciente, dizendo que ele havia mudado e que agora era uma outra pessoa, ele até dormia sorrindo. No dia seguinte, ele partiu em paz com Jesus, e sua família estava muito grata a Deus por tudo o que Ele havia feito nos últimos momentos daquela vida e também pelas consolações que estavam recebendo do Senhor. Como é maravilhoso tudo o que Deus faz!

A parábola do credor incompassivo nos ensina, entre outras coisas, que devemos perdoar como fomos perdoados por Jesus. Mostra também que a falta de perdão gera aprisionamento sob o espírito do tormento.

> Por isso, o Reino dos céus pode comparar-se a um certo rei que quis fazer contas com os seus servos; e, começando a fazer contas, foi-lhe apresentado um que lhe devia dez mil talentos. E, não tendo ele com que pagar, o seu senhor mandou que ele, e sua mulher, e seus filhos fossem vendidos, com tudo quanto tinha, para que a dívida se lhe pagasse. Então, aquele servo, prostrando-se, o reverenciava, dizendo: Senhor, sê generoso para comigo, e tudo te pagarei. Então, o senhor daquele servo, movido de íntima compaixão, soltou-o e perdoou-lhe a dívida. Saindo, porém, aquele servo, encontrou um dos seus conservos que lhe devia cem dinheiros e, lançando mão dele, sufocava-o, dizendo: Paga-me o que me deves. Então, o seu companheiro, prostrando-se a seus pés, rogava-lhe, dizendo: Sê generoso para comigo, e tudo te pagarei. Ele, porém, não quis; antes, foi encerrá-lo na prisão, até que pagasse a dívida. Vendo, pois, os seus conservos o que acontecia, contristaram-se muito e foram declarar ao seu senhor tudo o que se passara. Então, o seu senhor, chamando-o à sua presença, disse-lhe: Servo malvado, perdoei-te toda aquela dívida, porque me suplicaste. Não devias tu, igualmente, ter compaixão do teu companheiro, como eu também tive misericórdia de ti? E, indignado, o seu senhor **o entregou aos atormentadores**, até que pagasse tudo o que devia. Assim vos fará também meu Pai celestial, se do coração não perdoardes, cada um a seu irmão, as suas ofensas. (Mateus 18.23-35 – grifo da autora)

Esse texto da Palavra de Deus mostra um homem que, apesar de ter sido perdoado de uma dívida de dez mil talentos, não liberou perdão àquele que lhe devia cem denários. Para que você tenha ideia do muito que esse homem foi perdoado e do pouco que ele não perdoou, vale pontuar que um denário equivale a um salário diário de um trabalhador e um talento equivale a seis mil denários.

Liberar perdão traz cura e libertação e, por isso, alguns logo dizem: "Que alívio!". Outros falam que sentem como se um peso tivesse saído de seus ombros. Há também aqueles que expressam que estão sentindo-se leves, inclusive já ouvi de uma pessoa: "Estou me sentindo leve como uma pena". Em todos eles, a alegria expressada em seus rostos é contagiante e confirma o que dizem as Escrituras: "O coração alegre aformoseia o rosto" (Provérbios 15.13a).

Apresentarei, a seguir, comentários de alguns homens e mulheres de Deus a respeito do perdão, que podem contribuir para nossa reflexão:

> Uma condição para a oração que prevalece é um espírito perdoador.[1]

> O não perdoar bloqueia o canal de comunicação e santificação entre Deus e seu povo.[2]

> No dia em que morreu na cruz pelos nossos pecados, Jesus revelou o significado da verdadeira justiça. A justiça não mais se encontrava na vingança, mas no perdão. Logo, o ato de não perdoar se tornou injustiça, pois a falta de perdão anula o pagamento que Jesus efetuou com o próprio sangue.[3]

---

[1] **Bíblia de Estudo Plenitude**: edição Revista e Corrigida. Barueri-SP: Sociedade Bíblica do Brasil, 1995.
[2] *Ibid.*
[3] VALLOTON, Kris; VALLOTON Jason. **O poder sobrenatural do perdão**. São Paulo: Vida, 2012.

A verdadeira justiça só é feita quando cada pessoa recebe o que Cristo pagou na cruz.[4]

Oferecer perdão significa que damos a Deus permissão para fazer justiça em nosso lugar e liberamos as pessoas do nosso julgamento e das nossas tentativas de fazer justiça por meio da punição.[5]

O perdão faz a diferença entre uma vida de contínuo sofrimento e tormento e uma vida de liberdade e redenção muito além dos nossos maiores sonhos.[6]

O perdão é uma escolha. É um ato de vontade, não um ato emocional; portanto, não é possível mensurar a profundidade do perdão pelos sentimentos. Quando Jesus nos perdoou por todos os nossos pecados, Ele nos deu o poder para perdoar àqueles que nos feriram.[7]

Continuar com raiva de alguém que o magoou é como tomar um veneno esperando que esse alguém morra. Nossa falta de perdão fere mais a nós mesmos do que a qualquer outra pessoa.[8]

Satanás usa a falta de perdão contra as pessoas mais do que qualquer outra coisa. Ele a usa para separar e dividir, para enfraquecer e destruir e para impedir nossa comunhão com Deus.[9]

---

[4] *Ibid.*
[5] *Ibid.*
[6] Frase de Heidi Baker em *Ibid.*
[7] *Ibid.*
[8] MEYER, Joyce. **Faça um favor a si mesmo... Perdoe**. 1. ed. Belo Horizonte: Bello Publicações, 2014.
[9] *Ibid.*

Quem perdoa cresce. Quem perdoa se aproxima de Deus; fica parecido com Ele. Quem não perdoa fica "emperrado", sobrecarregado, parado na vida emocional, psicológica e espiritual. Quem não perdoa não amadurece, não evolui. Torna-se prisioneiro de seu passado, de suas dores e feridas. Quem perdoa vai participar do milagre de ver entalhado no seu caráter a face, as características e as marcas do Senhor Jesus. [...] Perdoe. Aceite ficar no prejuízo no primeiro momento e assim depois você vai colher os frutos da verdadeira liberdade. É muito bom, vale a pena conferir.[10]

Tanto através de passagens das Escrituras, quanto ao longo de anos de experiência no Ministério, aprendi que a maior armadilha para interromper a caminhada das pessoas com Deus é a falta de perdão.[11]

Durante a minha caminhada cristã, tenho presenciado muitas curas e libertações que mostram a grandeza da obra de Deus, que Ele opera quando as pessoas se determinam a perdoar. É muito comum que mágoas sejam causadas por pessoas próximas. Mas, muitas vezes, visitamos pessoas que tinham mágoa de si mesmas, por suas próprias atitudes ou omissões. Encontramos também pessoas que estavam frustradas, tristes e magoadas com Deus. Entre tantos testemunhos, alguns marcaram a história do nosso Ministério de Capelania e serão contados a seguir.

---

[10] DAMASCENO, Fabio. **Psicologia do perdão**: como perdoar até o imperdoável. Santa Catarina: IFC, 2000.
[11] BEVERE, John. **Movido pela eternidade**. 1. ed. Rio de Janeiro: Lan Editora, 2009.

Capítulo 38

Um testemunho de cura por meio do perdão aos outros

Lembro-me de uma pessoa da igreja que me pediu para visitar sua filha que estava internada em um hospital há onze dias. Ela havia passado por vários médicos, mas nenhum deles descobriu o que estava lhe causando aqueles sintomas, e, a cada dia, ela se sentia pior. Foi internada após um atendimento de emergência, quando sentiu muita dor no estômago. A bateria de exames à qual foi submetida não indicou o diagnóstico, por isso precisaram continuar a investigação durante o período de internação.

Depois de conversarmos, perguntei-lhe se havia alguém a quem ela precisaria liberar perdão, e ela confirmou que guardava mágoas em seu coração. Depois de apresentar-lhe o que Deus diz sobre perdão por meio de algumas passagens da Bíblia, entreguei-lhe um livro devocional, no qual há uma mensagem para cada dia do ano. Ao abrir a mensagem daquele dia (24 de abril) e ver que era justamente sobre perdão, ela foi tocada por Deus e convencida pelo Espírito Santo a perdoar.

Ela se emocionou muitíssimo, e então começamos a orar. Mesmo estando totalmente debilitada, tomou a decisão e declarou a liberação de perdão às pessoas de quem guardava mágoas. Logo em seguida, correu para o banheiro e vomitou. Quando saiu, já era uma pessoa diferente. Naquele dia, entregou sua vida a Jesus Cristo. Durante a oração, um membro da equipe de capelania teve uma visão em que aquela pessoa estava aprisionada em uma gaiola.

Após orarmos, o médico que a acompanhava avisou-lhe que iria pedir para que ela refizesse, pela última vez, os exames. Assim, tentaria, mais uma vez, descobrir a causa daqueles sintomas. No dia seguinte, fez os exames e obteve o diagnóstico. Dois dias depois, passou por uma cirurgia e, no dia posterior, recebeu alta hospitalar! Ela foi curada não só fisicamente, mas também em sua alma, e saiu daquele hospital com a vida transformada.

Depois de um ano e meio, ao comentar sobre o que aconteceu, ela disse: "Meu coração está leve e totalmente diferente desde aquele dia em que fui liberta de forma completa, e só agradeço a Deus por salvar a minha vida. Ainda me lembro dos fatos que me causaram mágoa, porém os tenho apenas como uma cicatriz, que se pode ver, mas já não causa dor. Não foi coincidência o fato de que aquela visita aconteceu exatamente no dia em que o devocional do livro tinha como tema o perdão. Deus restaurou minha vida, minha saúde, e tenho certeza de que isso é só o começo! Quero continuar crescendo e amando mais a Deus, Aquele que transformou a minha vida. Toda honra e glória sejam dadas a Ele!".

Capítulo 39

Um testemunho de cura por meio do perdão a si mesmo

Em certo dia, logo ao acordar, veio à minha cabeça o nome de uma pessoa que eu conhecia há muitos anos, mais precisamente desde que ela chegou à Zion Church. Com essa lembrança, recebi de Deus a revelação de que ela estava se condenando; não conseguia liberar perdão para si mesma. Senti-me direcionada a entrar em contato com ela para lhe contar o que Ele havia me mostrado. Fiz exatamente isso e, naquele encontro, depois de relatar-lhe tudo, ela confirmou que aquilo fazia sentido.

Contou-me que estava afastada de Jesus havia aproximadamente quinze anos, porque não soube lidar com uma situação. Achava-se indigna por não estar em comunhão com os irmãos da igreja, tendo o sentimento de que tinha invalidado o preço altíssimo que Jesus pagou na cruz do Calvário por sua vida, esquecendo-se do que a Bíblia diz:

> Verdadeiramente, ele tomou sobre si as nossas enfermidades e as nossas dores levou sobre si; e nós o reputamos por aflito, ferido de Deus e oprimido. Mas ele foi ferido pelas nossas transgressões e moído pelas nossas iniquidades; o castigo que nos traz a paz estava sobre ele, e, pelas suas pisaduras, fomos sarados. (Isaías 53.4-5)

Naquele nosso encontro, ela reconheceu que havia acreditado numa mentira do diabo e foi tocada pelo Espírito Santo, que a convenceu de seu erro, levando-a a um verdadeiro arrependimento. Ela pediu perdão a Deus por todo esse tempo de autocondenação; orou cancelando e renunciando todos aqueles pensamentos e sentimentos; declarou a destruição da fortaleza que havia se formado em sua mente e a fazia crer que ela não era digna do amor de Deus nem de estar em comunhão com os irmãos em Cristo. Afirmou, também, liberação de perdão a si mesma e, no mesmo instante, sentiu-se novamente muito amada por Jesus.

Foi maravilhosa a forma como Deus operou naquela vida. Ela reconciliou-se com Jesus Cristo, renovou imediatamente a aliança com Ele e sentiu-se totalmente liberta do aprisionamento em que se encontrava e já, no dia seguinte, estava de volta à igreja.

Ainda me lembro da expressão de grande alegria expressada em seu rosto quando ela disse: "Como sou grata a Deus que, por Sua infinita bondade, misericórdia e fidelidade, resgatou a minha vida, tirando-me do engano e me proporcionando um novo tempo na presença do Senhor e na comunhão com os irmãos em Cristo!". Nesse encontro que tivemos, e nos dias seguintes, pude entender a grande importância de liberar o perdão, não só para as outras pessoas, mas também a mim mesma, pois entendi que essa é a chave para a liberação das bênçãos de Deus. Toda honra, toda glória e todo louvor e adoração sejam dados ao nosso Deus!

Capítulo 40

O arrependimento que trouxe a cura

Em certa noite, fui visitar um jovem com a equipe de capelania. Mas como ele estava sonolento, sua mãe nos pediu para encontrá-la em outra sala a fim de conversarmos. Enquanto orávamos pelo filho dela, entrou uma outra pessoa na sala e, ouvindo parte de nossa conversa, pediu-nos para que fizéssemos uma oração por ela também.

Antes, porém, contou-nos a respeito da sua filha, que já estava em tratamento há sete anos, e ela estava indagando o fato de que Deus não a curava, pois sabia que Ele podia fazer isso. Percebi que ela estava magoada com Deus. Então, perguntei-lhe se realmente era isso o que estava acontecendo, e ela confirmou que sim. Durante nossa conversa, ela arrependeu-se por ter mantido essa mágoa em seu coração, pediu perdão a Deus e também se reconciliou com Jesus, pois estava afastada d'Ele.

Soubemos, depois, que sua filha estava naquele hospital há quatro anos. Porém, após reencontrar-se com Jesus, aquela mulher teve sua vida transformada. Passou a falar com alegria e disse que, depois daquele encontro, em seu coração não havia mais mágoas de Deus. O seu semblante era totalmente diferente, havia paz e alegria nela.

Depois de alguns dias, recebi uma notícia surpreendente: sua filha tinha recebido alta do hospital. Parecia que meu coração ia explodir de tanta alegria; inclinei-me com o rosto no chão, chorei e agradeci a Deus, que operou esse milagre. E, assim, elas puderam voltar para a cidade delas. Também recebi a notícia maravilhosa de que a filha havia começado a estudar. Com aquela oração, queríamos demonstrar a nossa gratidão a Deus, inspiradas pela atitude daquele único leproso que voltou a Jesus com gratidão em adoração após a sua cura.

> E aconteceu que, indo ele a Jerusalém, passou pelo meio de Samaria e da Galileia; e, entrando numa certa aldeia, saíram-lhe ao encontro dez homens leprosos, os quais pararam de longe. E levantaram a voz, dizendo: Jesus, Mestre, tem misericórdia de nós! E ele, vendo-os, disse-lhes: Ide e mostrai-vos aos sacerdotes. E aconteceu que, indo eles, ficaram limpos. E um deles, vendo que estava são, voltou glorificando a Deus em alta voz. E caiu aos seus pés, com o rosto em terra, dando-lhe graças; e este era samaritano. E, respondendo Jesus, disse: Não foram dez os limpos? E onde estão os nove? Não houve quem voltasse para dar glória a Deus, senão este estrangeiro? E disse-lhe: Levanta-te e vai; a tua fé te salvou. (Lucas 17.11-19)

Algumas vezes, quando estou me dirigindo a hospitais, é comum planejar determinadas visitas. Mas, frequentemente, encontros inesperados acontecem. Vejo que Deus possui outros planos, infinitamente maiores que os meus, como aconteceu naquele dia. Voltamos muito alegres por ver o que Deus havia feito, foi lindo demais!

TESTEMUNHOS DE ALGUNS INTEGRANTES DA CAPELANIA

Capítulo 41

Adeyemi de Oliveira Silva

"Tem sido um grande privilégio fazer parte do Ministério de Capelania. Deus sempre nos surpreende, e nos alegramos muito ao vermos vidas sendo salvas e curadas, corações consolados e o amor de Deus fluindo por meio do Espírito Santo.

Em uma das primeiras visitas que participei sendo parte desse ministério com a Pastora Rosa, fui impactado pela mensagem da salvação. Naquele dia, um senhor, a quem visitamos, recebeu a Jesus e ficou muito feliz por estarmos ali. Repentinamente, durante a oração, sentimos a doce presença de Deus, o amor de Jesus era manifesto e incontestável naquele quarto. Cada palavra de nossas conversas mostrava a beleza da pessoa de Jesus e a excelência da escolha de tê-lO no coração. Fiquei muito feliz por isso e por toda a ação do Espírito Santo naquele lugar.

Em outra ocasião, fomos visitar um senhor, que tinha um tumor e estava quase perdendo a voz. Com muito amor, apresentamos-lhe o plano de salvação, o que o fez falar diversas vezes, com um leve sotaque carioca: "Que espetáculo essa oração, eu quero

Jesus!", e quando estávamos terminando a oração, uma pessoa entrou no quarto com a refeição dele. Naquele momento, ele disse que estava mais ansioso pela oração do que pela comida.

Deus preparou a hora certa para falarmos com ele e a palavra do Senhor entrou profundamente em seu coração. Ele recebeu Jesus e, com muita gratidão e lágrimas nos olhos, agradeceu-nos pela visita. A presença de Deus era muito forte ali e a alegria transbordou em nossos corações.

Soube, depois, que ele partiu para a eternidade quatro dias após aquele encontro. Entendi que a visita aconteceu no tempo de Deus. Louvo ao Senhor por me conceder o favor de ver filhos tendo encontros com o amor do Pai, isso me faz crescer e ter mais fome por buscá-lO de maneira íntima.

Mas dirá alguém: Tu tens a fé, e eu tenho as obras; mostra-me a tua fé sem as tuas obras, e eu te mostrarei a minha fé pelas minhas obras. (Tiago 2.18)

Testemunho contado por Adeyemi Silva

Capítulo 42

Ana Cristina Gusmão de Goes

"Estar inserida no Ministério de Capelania é algo que tem refletido muito em minha vida pessoal e em meu crescimento espiritual. Eu participei de um treinamento semanal acompanhando a Pastora Rosa a alguns hospitais – o que acontecia de acordo com o que era possível para mim, uma vez que precisava conciliar esses horários com meu trabalho e também um curso de pós-graduação. As experiências que vivi no treinamento e as que tenho testemunhado atuando no Ministério de Capelania têm sido impactantes. Em cada visita, tenho contemplado encontros com o amor de Deus; Ele sempre traz consolo e conforto às pessoas de acordo com a ação do Espírito Santo. E vejo isso acontecer não só com pacientes, mas também com seus familiares e pessoas próximas a eles.

Uma das visitas que me marcou muito se deu quando encontramos um jovem que estava com o braço enfaixado e já havia realizado uma cirurgia, mas aguardava ali até se recuperar. Fizemos uma oração simples sobre a condição daquele jovem, mas suficiente para que ele fosse tocado pela presença de Deus. Naquela tarde, ele, muito emocionado, entregou sua vida para Jesus.

Esses encontros, para mim, são expressões do amor, bondade e fidelidade de Deus. Ele tem impactado e transformado não só a vida das pessoas que tenho visitado, mas também a minha própria vida.

> Para que o nome de nosso Senhor Jesus Cristo seja em vós glorificado, e vós nele, segundo a graça de nosso Deus e do Senhor Jesus Cristo.
> (2 Tessalonicenses 1.12)

Testemunho contado por Ana Goes

Capítulo 43

Barbara Franco

❝ Ingressei no Ministério de Capelania em 2018 e, desde então, vejo Deus encontrando vidas com Seu amor de um modo maravilhoso. Tenho visto isso em todas as visitas das quais participo.

Os testemunhos que mais me impactaram são aqueles em que vejo o amor de Deus Se manifestar de maneira profunda, alcançando pessoas em seus últimos momentos de vida, isto é, quando elas têm um encontro verdadeiro com Jesus e logo partem para a eternidade. Nós não compreendemos o tempo de Deus, por isso temos de estar sensíveis à Sua voz e ao direcionamento do Espírito Santo, também é essencial buscarmos permanecer sempre com essa sensibilidade.

Além disso, ver os familiares e acompanhantes dos pacientes sendo, igualmente, alcançados pelo amor de Deus e poder observar a mudança no ambiente e em seus semblantes é motivo para glorificar a Deus!

Histórias são mudadas diariamente nos corredores de vários hospitais. E o Ministério de Capelania é um instrumento, como uma caneta do Reino de Deus, que Se faz disponível nas mãos do nosso Senhor para que Ele reescreva muitas histórias. Vejo como se o que estava escrito em papéis escuros e frios estivesse sendo transcrito para folhas novas, pautadas na esperança e na revelação da eternidade em Cristo Jesus.

É uma honra poder aprender a respeito de Deus estando próxima à Pastora Rosa, ela tem construído um legado e uma história com o Senhor, que tem marcado vidas. Isso, porque seu coração está voltado a Ele. Cada visita é um aprendizado de como amar mais a Deus e buscar mais compaixão pelas vidas!

Testemunho contado por Barbara Franco

Capítulo 44

Fernanda Gonçalves

66 Participar do Ministério de Capelania é muito gratificante para mim, é algo que enche meu coração de alegria. Esse ministério não tem dia ou hora para entrar em ação. Lembro-me de uma vez em que eu tinha acabado de entrar em casa quando o telefone tocou, e, através daquela ligação, avisaram-me de uma visita. Dei meia volta e fui ao hospital para atender a uma pessoa que precisava de oração.

Lembro-me também de um dia em que nos programamos para ir a um velório e depois a mais duas visitas marcadas. Mas, no meio do caminho, foram surgindo outras solicitações de visitas e, ao final do dia, tínhamos visitado cinco pessoas em quatro hospitais diferentes, e ainda encontramos uma conhecida na rua, por quem ministramos e oramos. Naquele dia, passamos oito horas na rua, foi muito marcante para mim ver tudo o que Deus fez.

Lindo é ver como a Pastora Rosa carrega o amor de Deus. Amo poder andar e aprender de Deus a cada dia junto a ela. Em uma das minhas primeiras visitas, tive uma visão em que anjos do Senhor iam à frente dela e, desde a portaria do hospital, já tocavam as pessoas da recepção e elas a recebiam com um belo sorriso.

Outro momento marcante foi enquanto orávamos por uma pessoa no hospital e a presença de Deus encheu o quarto de uma maneira forte como nunca tinha sentido antes. Tive a impressão de que o céu havia descido! A pessoa, a quem visitávamos, foi muito edificada e fortalecida naquele dia, assim como a acompanhante da família.

A cada visita que faço, para levar uma palavra de amor, sempre volto mais edificada. Como é lindo ver o que acontece quando dependemos totalmente do Espírito Santo!

Testemunho contado por Fernanda Gonçalves

Capítulo 45

Iracema Lavezzo Pereira

❝ Eu tenho participado do Ministério de Capelania e, assim, aprendido e me alegrado muito com tudo o que Deus faz por meio dessas visitas. Tenho visto pessoas sendo tocadas pelo amor de Deus e reconciliando-se com Jesus, assim como o filho pródigo; os familiares das pessoas a quem visitamos também são frequentemente alcançados. É maravilhoso ver pessoas sendo transformadas através da liberação de perdão, além de tantas outras que são curadas e aliviadas de suas dores. Como o nosso Deus é fiel, bondoso e gracioso! A verdade é que sou eu quem me sinto mais abençoada, agradecida e fortalecida a cada visita de que participo.

Eu gostaria de ter mais disponibilidade para servir a Deus nessa área, mas muitas vezes não é possível para mim ir às visitas.

Contudo, diariamente intercedo pela equipe de capelania e pelas pessoas visitadas, mantenho-me em intercessão especialmente nos momentos em que a equipe está realizando as visitas.

Tenho visto o cuidado e o amor que Deus manifesta a mim e às pessoas visitadas. Isso me faz muito grata, pois é lindo ver o Senhor agir, de modo detalhado, em cada situação das nossas vidas.

Eu tenho visto e aprendido que todas as coisas cooperam para o nosso bem, como está escrito na Bíblia. Isso fortalece a minha fé e me leva a crer ainda mais naquilo que Deus fala na Palavra e me direciona a servir e a amá-lO cada vez mais.

> E sabemos que todas as coisas contribuem juntamente para o bem daqueles que amam a Deus, daqueles que são chamados por seu decreto. (Romanos 8.28)

Testemunho contado por Iracema Pereira

Capítulo 46

Marileide da Silva Franco

"Em 2018, comecei a fazer parte da equipe do Ministério de Capelania. Participei do treinamento semanal acompanhando a Pastora Rosa a alguns hospitais. Ao participar dessas visitas, sempre aprendo muito com Deus. Tenho percebido que servir a Ele nesse ministério requer desprendimento e dedicação, além de amor e compaixão pelas vidas. Afinal, pode haver a necessidade de realizarmos visitas a qualquer hora e em qualquer dia, seja feriado, final de semana ou férias, conforme a direção e prioridade que Deus nos dá. Isso me faz lembrar do que está escrito em Mateus 6.33, em que Jesus diz: "Mas buscai primeiro o Reino de Deus, e a sua justiça, e todas essas coisas vos serão acrescentadas".

Enquanto estamos nos dirigindo às visitas, permanecemos em oração, seja no carro, ônibus ou metrô. Assim, buscamos a direção de Deus para atender à necessidade específica de cada pessoa que será visitada, também nos preparamos com oração e jejum.

Entre as tantas visitas que fizemos, impactou-me a história de um senhor que estava com a cirurgia marcada para amputar sua perna, mas Deus operou um milagre em sua vida. Ele aceitou Jesus em seu coração e não precisou passar pelo procedimento de amputação. Estive com esse senhor e sua esposa antes da alta e, conversando com eles, fiquei muito impressionada com a forma criativa que a Pastora Rosa explicou sobre a importância de continuarem alimentando-se diariamente da Palavra de Deus, utilizando a Bíblia que tinham ganhado. Ela disse que necessitavam desse "alimento" assim como um recém-nascido precisa de leite e dos devidos cuidados para continuar crescendo de maneira saudável.

Eles entenderam a importância das Escrituras e ficaram muito felizes, disseram que iriam congregar em uma igreja próxima à casa deles.

Em outro momento, quando estávamos na enfermaria durante o nosso treinamento, encontramos uma senhora que tivera um derrame. Ela ouviu a Palavra de Deus, entendeu e absorveu o amor de Jesus, que deu a Sua vida por nós. Imediatamente, ela entregou a vida a Jesus, aceitando-O como seu Senhor e Salvador. Diante da presença de Deus, suas dores foram aliviadas e o seu coração ficou em paz. Nessa e em outras oportunidades, eu vi a unção de Deus sendo derramada ao ministrar cura, apresentar o plano de salvação e ao ajudar as pessoas a liberarem perdão, o que é fundamental para que sejam libertas.

Fazer parte disso tem sido um grande aprendizado para mim, agradeço a Deus por essa rica oportunidade. Ao voltar das visitas, sempre medito e peço a Deus para me ensinar a ter um coração cheio de compaixão pelas vidas necessitadas. Tenho visto a ação de Deus, também aprendo e me alegro com isso, sendo impactada com Seu amor pelas vidas e com a presença do Espírito Santo. É muito lindo!

Testemunho contado por Marileide da Silva Franco

Capítulo 47

Tereza Tachikawa

❝ Tenho visto a importância do Ministério de Capelania, que acompanha pessoas que estão nos hospitais. Como é lindo ver o que Deus faz em cada situação: pessoas têm alívio de dores, são fortalecidas na fé, seus rostos são transformados e cheios de alegria, recebem uma nova esperança, e muitas liberam perdão, sendo completamente aliviadas de todo o peso e passam a viver momentos de grande alegria.

Nas visitas, temos a oportunidade de levar o Reino de Deus às pessoas, e muitas vidas entregam-se a Jesus, alcançando o Novo Nascimento. Outras, que antes estavam afastadas de Jesus, reconciliam-se com Ele.

Muitas vezes, nós nos programamos para visitar um paciente internado e encontramos, no mesmo quarto, outras pessoas que nos pedem para que façamos orações. Deus também nos usa, frequentemente, para conversarmos e orarmos por pessoas que encontramos nos corredores, e nos alegramos muito ao vermos Deus agir, com Seu grande amor, conforme as necessidades das pessoas.

Tenho acompanhado a vida da minha irmã Rosa, que, tendo passado por tantas enfermidades, foi curada por Deus e, por isso, pode entender melhor o sofrimento e as dores das pessoas enfermas e amá-las com o amor de Deus.

É lindo ver o Espírito Santo indo à nossa frente, guiando-nos e nos dirigindo em tudo. Glórias ao nosso Deus!

Testemunho contado por Tereza Tachikawa

Capítulo 48

Thiago Felix Nobre

Estou no Ministério da Capelania há pouco tempo. Como sou um trabalhador autônomo, tenho poucos dias disponíveis para que eu possa servir, porém amo fazer parte disso por ser algo grandioso. É muito inspirador e valioso levar a presença e o Reino de Deus.

Esse ministério traz experiências muito gratificantes para mim, que me alegram bastante, pois vejo o amor ágape – que vem do Pai – um amor puro, que nos envolve, nos constrange e transforma as pessoas, de fato, de dentro para fora.

Em certo dia, chegamos ao hospital para encontrar um paciente, que estava na UTI, diagnosticado com câncer já em estágio de metástase, de modo que se encontrava muito debilitado. O clima na UTI geralmente é muito pesado, porém, naquele dia, começamos a orar e tivemos um momento maravilhoso. A presença de Deus tomou aquele lugar, senti que o Céu havia sido aberto sobre nós e eu me lembrei de quando João Batista batizou Jesus e viu o Céu invadindo a Terra. Foi muito lindo ver tudo o que Deus fez naquele dia, e a pessoa a quem visitamos entregou sua vida a Jesus com bastante alegria.

Após viver esse momento, eu vi o quanto Deus é fiel às Suas promessas que estão na Bíblia. Quando as pessoas se reúnem para orar, em nome de Jesus, Ele Se faz presente ali e manifesta Sua graça e amor. O meu coração se enche de gratidão por fazer parte dessa equipe, que leva às pessoas o amor de Deus e o Seu Reino.

Testemunho contado por Thiago Nobre

Conclusão

Ler sobre os milagres de Deus é algo que nos enche de esperança e alegria. Viver essas experiências com Deus alimenta e fortalece a nossa fé. Além disso, o meu desejo é que cada um de nós prossigamos com o intuito de cada vez mais conhecermos os caminhos do Senhor.

Faze-me saber os teus caminhos, Senhor; ensina-me as tuas veredas. (Salmos 25.4)

Deus nos abençoe em todo tempo!

Este livro foi produzido em Adobe Garamond Pro 11 e
impresso pela Gráfica Promove sobre papel Pólen Soft 70g
para a Editora Quatro Ventos em novembro de 2020.